作者与中国机电产品进出口商会办公室刘永强主任

作者与海关总署综合业务司知识产权处黄建华处长

作者与中国机电产品进出口商会平衡车分会章杏娟副秘书长

作者与杭州骑客总经理应佳伟

作者与北京纳恩博公司知识产权部经理张飞弦

作者与广东电动车商会黄建军秘书长

作者与乐行天下总裁蔡优飞（右一）、总经理助理陈辉扬（左一）

作者与唯轮网创始人陈家鸣

作者与车泰斗张殿旋总经理（左一）、刘鹏总监（右一）

作者与杭州骑客公司前法务主管李露

马天旗 ○ 著

专利商战启示录

THE
RECORD OF PATENT
BATTLE

知识产权出版社
全国百佳图书出版单位
—北京—

图书在版编目（CIP）数据

专利商战启示录 / 马天旗著 . —北京 : 知识产权出版社，2020.11

ISBN 978-7-5130-7217-5

Ⅰ . ①专… Ⅱ . ①马… Ⅲ . ①知识产权—案例—中国 Ⅳ . ① D923.405

中国版本图书馆 CIP 数据核字（2020）第 187762 号

责任编辑：黄清明　张利萍　　　　　　　责任校对：谷　洋

封面设计：研美文化　　　　　　　　　　责任印制：刘译文

专利商战启示录

马天旗　著

出版发行：**知识产权出版社** 有限责任公司		网　　址：http://www.ipph.cn		
社　　址：北京市海淀区气象路 50 号院		邮　　编：100081		
责编电话：010-82000860 转 8387		责编邮箱：65109211@qq.com		
发行电话：010-82000860 转 8101/8102		发行传真：010-82000893/82005070/82000270		
印　　刷：三河市国英印务有限公司		经　　销：各大网上书店、新华书店及相关专业书店		
开　　本：720mm×1000mm　1/16		印　　张：15		
版　　次：2020 年 11 月第 1 版		印　　次：2020 年 11 月第 1 次印刷		
字　　数：200 千字		定　　价：68.00 元		

ISBN 978-7-5130-7217-5

序　言

当今世界，第四次科技革命浪潮正席卷全球，知识产权特别是专利技术的竞争已成为企业、行业乃至国家之间市场竞争的主要内容。如何应对海外知识产权风险已成为我国企业在开拓海外市场时无法避免的关键问题。

针对这一关键问题，需要做好两个方面的工作。其一，在遇到海外知识产权风险之前，要做好海外知识产权布局，未雨绸缪。国内企业与国外企业的海外市场竞争日益激烈，海外知识产权纠纷不断出现，尤其是国外同行在商品的主要市场所采取的专利布局使我国企业的产品出口和投资层层受阻，开拓海外市场的难度越来越大。出现这种现象的一个根本原因是中资企业在海外的专利布局数量和质量与其经济规模不匹配，不足以支撑其充分应对海外市场的竞争。虽然，我国自2008年大力推进知识产权战略以来，国内企业专利意识逐渐增强，短期快速积累大量专利，国内发明专利年申请量现已超过美、日、欧、韩的总和，海外申请量也已居于前列，但与欧、美、日等发达国家和地区娴熟运用知识产权规则参与市场竞争的企业相比，国内企业在海外专利布局策略上仍然存在明显差距。其二，在遭遇海外知识产权诉讼或纠纷时，应当采取恰当的措施，提升应对能力。中国21%的"走出去"企业表示在境外投资项目中遭遇过知识产权纠纷，以南亚、东南亚、北美、西欧居多。2018年，仅在美国就有1047家中国企业因知识产权问题成为被告。基于此种情况，2019年7月10日，国家海外知识产权纠纷应对指导中心成立，旨在聚焦海外知识产权纠纷应对存在的难点和痛点，构建国家层面海外知识产权纠纷信息收集和发布渠道，建立中国企业海外知识产权纠纷应对指导与协助机制，提高企业"走出去"过程中的知识产权纠纷防控意识和纠纷应对能力，推动更多中国企业了解、尊重和运用其他国家或地区的知识产权制度规则，提升海外知识产权保护和运用能力。

天旗写的这本书正是从一个行业的视角，阐释了做好海外知识产权布局和合理制定知识产权纠纷应对策略的重要性。用平衡车这样一个鲜活的行业中实际发生的故事，从事后视角梳理行业发展的关键节点和重要事件，让人们能够感悟出可以作为"后事之师"的宝贵经验，并将这些宝贵经验为后来的企业应对海外知识产权风险赋能，使之提前预判各种知识产权问题，并提前应对。此外，天旗采用了大量的实证研究，亲自与本行业非常相关的人员进行面对面的交流，文字富有纪实性，具有很强的现实说服力。

据了解，天旗这几年组织撰写的一系列专利实务方面的图书，在社会上引起较大反响，成为企业和知识产权咨询机构有关人员必备的工具书。相信《专利商战启示录》这本书很适合企业的知识产权经理和专利工程师、专利代理师、专利战略咨询师甚至是政府知识产权管理人员作为专利战略实务的指导性读物和业务参考书。

中国知识产权研究会秘书长

《知识产权》杂志主编

国家海外知识产权纠纷应对指导中心主任

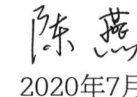

2020年7月

前　言

　　中国有很多行业都是被国外利用专利问题作为技术壁垒或者贸易壁垒，最终被卡住了脖子，比如DVD、打火机、地板、光伏等。这些行业虽然开始的发展态势都非常好，但由于不够重视专利问题，行业发展最后经历"断崖式"下滑，有的奄奄一息，勉强存活，有的甚至最终销声匿迹了。很多行业似乎总是陷入这样一个周期律，这样一个循环：技术萌芽—野蛮生长—因为专利问题突然困顿—勉强存活！

　　本书通过深入研究一个行业，从"事后之眼"和专利视角梳理行业发展的关键节点和重要事件，让人们能够感悟出可以作为"后事之师"的宝贵经验，并充分利用这些宝贵经验赋予企业"未来之眼"，提前预判各种专利问题，并提前应对，以期能够跳出上面所述的"周期律"。

　　平衡车这个行业非常符合这一研究目的。首先，这个行业经历了"技术萌芽—野蛮生长—因为专利问题突然困顿—勉强存活"这样的循环，具有足够的关键节点和重要事件可供挖掘；其次，这个行业的故事可谓丰富多彩、波澜壮阔，各类情况都有，经历了专利诉讼、专利无效、美国337调查、技术标准壁垒、行业联盟、专利池、互联网电商平台下架、商业秘密案件、专利许可问题，国际、国家、行业、地方、企业各类技术标准等各类问题和事件；另外，这个行业比较新，读者们没有过时感；最后，虽然平衡车属于人工智能领域，但技术并不复杂，大多数人都见过、接触过甚至亲自骑行过。这也是本书选择这个行业深入研究的原因。

根据上面所述的"周期律"，为了读者读起来顺畅，本书大致按照平衡车行业的时间发展顺序分为五篇。第一篇是这个行业的技术萌芽阶段，主要涉及技术发展背景、平衡车主要发明人、平衡车产业的三大阵营等内容；第二篇是这个行业的蓬勃发展阶段，主要涉及扭扭车市场爆发的原因和中国主要企业在此期间遇到的各类专利问题；第三篇是这个行业的极度困顿阶段，主要涉及平衡车行业遇到的"三座大山"，即亚马逊平衡车下架、美国UL2272认证标准和美国三起337调查；第四篇是这个行业再次出发的寻路调整阶段，主要涉及骑客公司应对美国337调查的情况以及如何积极应对UL2272认证标准；第五篇是这个行业格局的渐定阶段，主要涉及行业组建专利联盟、制定各类技术标准、海关专项行动等情况。

本书为了能够给读者带来更为专业和全面的知识，特在各类事件的位置嵌入了"知识链接"，使读者不仅能读到实际案例，同时也能获取相关知识产权知识，一读多得。

为了使读者更能够有身临其境感，本书作者利用各种可能的机会尽可能地呈现与各重要事件的"主角"面对面的访谈，并将这些"主角们"的主要观点放在文中对应位置处。借此机会对这些主角们表示感谢，感谢他们百忙之中接受访谈，并尽可能地提供各类素材。他们是中国机电产品进出口商会平衡车分会章杏娟副秘书长、海关总署综合业务司知识产权处黄建华处长、中国机电产品进出口商会办公室刘永强主任、杭州骑客公司前法务主管李露、飞翰律师事务所合伙人印庆余律师、北京纳恩博公司知识产权部经理张飞弦、广东电动车商会黄建军秘书长、唯轮网创始人陈家鸣、杭州骑客公司总经理应佳伟、乐行天下总裁蔡优飞、总经理助理陈辉扬、车泰斗张殿旋总经理、刘鹏总监等。

最后，特别感谢中国知识产权研究会秘书长陈燕为本书做序。特别感谢原中国机电产品进出口商会平衡车分会章杏娟副秘书长（现任国家创新与发展战略研究会创新宣教中心副主任、中国亚洲经济发展协会出口知识产权优势企业工作委员会会长）在本书撰写过程中给予的一切帮助！感谢知识产权出版社黄清明编审和张利萍老师的辛苦付出。感谢华智众创市场部张昭昭从读者的角度提出的宝贵意见。感谢节假日期间家人分担更多家务，为我撰写书籍提供尽可能安静舒适的空间。

| 目 | 录 |

第三篇
极度困顿

第五篇
格局渐定

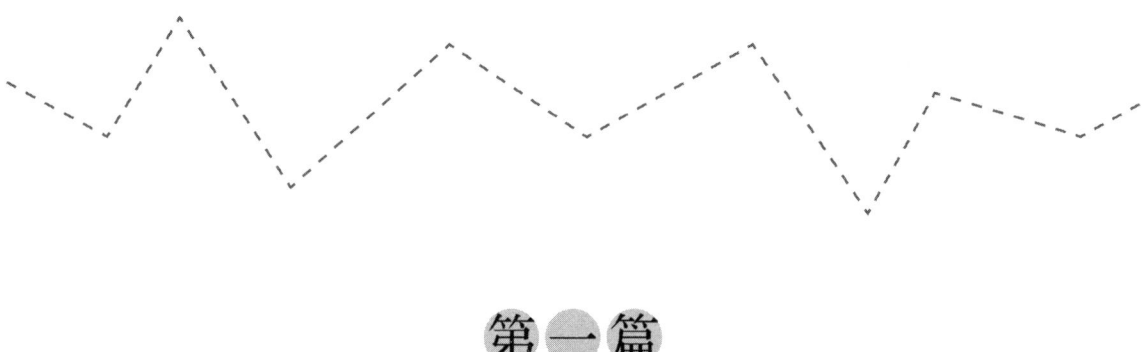

第一篇
技术萌芽

看似寻常最奇崛，成如容易却艰辛。

——王安石

伟大的发明总是在平静中展开，在曲折中前行，在受关注前成型。这些发明成熟之后，伴随其形成的核心专利，将成为专利权所有者保护其商业利益的"铠甲"和开拓市场的"坚船利炮"。那么，平衡车行业的铠甲和坚船利炮是怎么造出来的，主要的创造者是谁，在平衡车市场化的过程中又形成了几方阵营？本篇就带领大家领略一下其中比较有意思、又有点曲折和艰辛的故事。

一、技术发展背景

柴静在《穹顶之下》里写道："44%的人在5km内开车，12%的人在2km内开车，还有7%的人在1km内开车。"那么，如果我们想办法让这44%的人不开车，城市就不会像今天这么拥堵。纳恩博（Ninebot）创始人兼CEO高禄峰曾说道："5km以下短交通行业正处在爆发前夜，1~5km代步刚性需求一直就在。"可见，城市的拥挤孕育着短途代步的商机，一定会有一场短途交通的革命。

平衡车就是人类对适宜短途出行新型交通工具的一个探索。作为近年来迅速发展起来的一款绿色环保、时尚智能的新型代步工具，5km内的城市拥堵道路都是平衡车能够轻松施展的地方。

电动平衡车，又叫体感车、思维车、摄位车等。其工作原理主要是建立在"动态稳定"的基本原理上，利用车体内部的陀螺仪和加速度传感器，来检测车体所处的俯仰状态、左右倾斜状态和状态变化率，并通过高速微控制器计算出适当的数据和指令传给驱动器，利用伺服控制系统精确地驱动电机进行相应的调整，以保持车体的平衡。

原理其实很简单，比如当驾驶者身体前倾时，陀螺仪输出车子前倾的姿态信息，控制器接收到信息后，命令电机向相对应的方向旋转，向前行驶。根据平衡车的实时姿态，控制器会根据陀螺仪不断调整电机的转速和转动方向，就能够保持一个动态的平衡。有些平衡车在静态时也能保持自平衡，当车子向前倾斜时，平衡车会给车轮一个向前的加速度，车子便会处于直立状态，当车子后仰时，平衡车会给车轮一个向后的加速度，车子也能保持直立。

　　平衡车具备操控方便、转弯半径小等优势，除个人使用外，还广泛应用于机场、会议展览中心、高档社区和运动场馆等。市场上的电动平衡车主要有无杆独轮、无杆两轮和有杆两轮三类，其中无杆两轮平衡车（俗称"扭扭车"）目前最受消费者欢迎（见图1.1）。

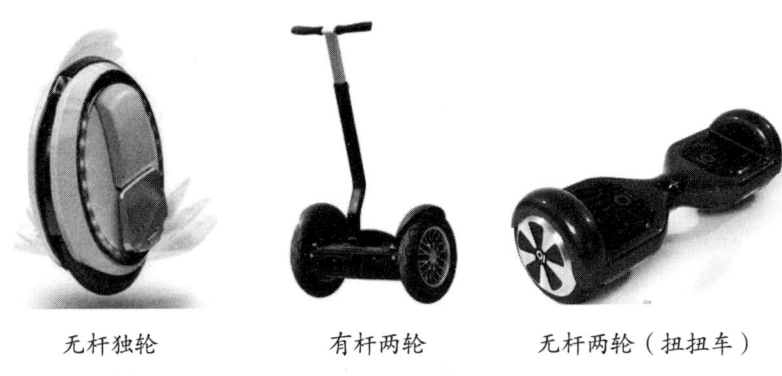

无杆独轮　　　　　　有杆两轮　　　　无杆两轮（扭扭车）

图 1.1　平衡车的主要类型

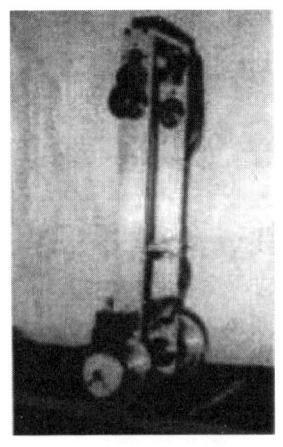

图 1.2　PB Robot 原型机

　　早在30多年前，日本电气通信大学的山藤一雄（Kazuo Yamafuji）教授曾提出"两轮自平衡机器人"的构想。他制造出一种名叫"平行双轮机器人"（Parallel Bicycle Robot，简称PB Robot）的原型机（见图1.2），并于1987年取得一项专利。

　　但是，囿于当时传感器和处理器技术的限制，这款自平衡机器人的性能差强人意，没有得到人们足够的重视。

知识链接

好的发明为何生不逢时?

技术成熟度是衡量技术状态满足其应用目标程度的尺度。在产品的市场研究报告中,如果要分析其今后一段时间的市场前景,必须结合技术成熟度。专利技术的成熟度至少达到产品级才可能进入市场化应用,专利技术成熟度是决定其能否产生市场价值的重要标尺,是高价值专利培育的重要方面。[1]一般来说,成熟的技术是指经过应用和相应的运行环境试验,技术状态满足应用目标要求的技术,并且该技术应用实施的配套技术达到目标要求。山藤一雄的技术本身不错,但其配套技术尚未达到目标要求,使得好技术没有用武之地。

二、平衡车主要发明人

1. 善意的发明家——迪恩·卡门

到了21世纪初,由迪恩·卡门(Dean Carmen)与他的DEKA研发公司(DEKA Research and Development Corp.)和美国强生的子公司独立科技(Independence Technology)合作开发出一种自动平衡式动力轮椅。因为动力轮椅这个发明,迪恩·卡门还受到了当时的美国总统克林顿的接见(见图1.3)。

图1.3 自动平衡式动力轮椅

①马天旗.高价值专利培育与评估[M].北京:知识产权出版社,2018:43-47.

图 1.4 迪恩·卡门发的 Segway系列平衡车

自动平衡式动力轮椅用于帮助残疾人更方便地行动，定位是助老助残器械。后来迪恩·卡门和他的DEKA团队基于自动平衡式动力轮椅技术研发了第一代给正常人使用的平衡车——Segway系列平衡车（见图1.4）。

Segway的运作原理主要是建立在一种被称为"动态稳定"——车辆本身的自动平衡能力的基本原理上。以内置的精密固态陀螺仪来判断车身所处的姿势状态，通过精密且高速的中央微处理器计算出适当的指令后，驱动电机以达到平衡的效果。

Segway系列平衡车由四大主要部件组成：车轮和发动机组、传感器系统、电脑控制系统和操作员控制系统。传感器系统是一组陀螺仪。电脑控制系统包括两块电子控制器电路板和多个板载微处理器，以内置的精密固态陀螺仪来判断车身所处的姿势状态，透过精密且高速的中央微处理器计算出适当的指令后，驱动电机来达到平衡的效果。假设我们以站在车上的驾驶人与车辆的总体重心纵轴作为参考线。当这条轴往前倾斜时，Segway车身内的内置电机会产生往前的力量，一方面平衡人与车往前倾倒的扭矩，一方面产生让车辆前进的加速度，相反，当陀螺仪发现驾驶人的重心往后倾时，也会产生向后的力量达到平衡效果（见图1.5）。

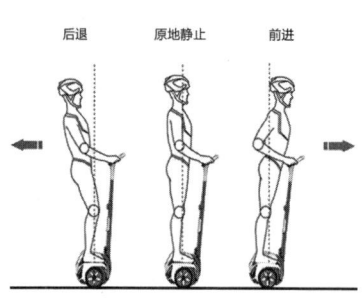

图 1.5 人驾驶 Segway 系列平衡车的原理图

迪恩·卡门团队围绕两轮平衡车布局了大量的专利，这些专利成为其进行专利诉讼和美国337调查经常用到的标的专利（代表性的专利见表1.1和表1.2）。

表 1.1 迪恩·卡门代表性的两轮平衡车结构专利

发明名称：交通工具和方法	
公开号及 申请日期	US6302230B1	1999-06-04
专利权人 与发明人	SEGWAY INC	Kamen Dean L；Ambrogi Robert R；Duggan Robert J； Field J Douglas； Heinzmann Richard Kurt； Amesbury Burl；Langenfeld Christopher C
摘要附图		
主要 技术要点	一种包括用户携带有效载荷的车辆，所述车辆包括：a.支持用户的平台；b.接触地面的模块，该模块安装在支持用户的平台上，在基础表面上执行用户期望的运动；c.一个电动驱动装置，耦合到接触地面的模块；驱动装置，接触地面的模块和有效负载，其包括系统不稳定相对于机动驱动翻斗翻转时翻斗不供电；所述的电动驱动装置，当其通电时，自动平衡操作的系统，其中车辆具有当前速度和最大动作速度，确定的加速度的要求，维持平衡，在操作中，具有平衡裕度之间的差确定的最大工作速度和车辆的当前速度；d.平衡裕度监控器，耦合到接触地面的模块，用于产生信号表征平衡裕度；e.报警装置，耦合到平衡裕度监测器，用于接收信号表征平衡裕度及用于警告当平衡裕度下降到指定的限制。	
专利的地位	基础性专利	

备注：专利的地位主要由细分领域专利的功能类型决定，通常可以将专利分为基础专利、核心专利、竞争性专利、互补性专利、支撑性专利、延伸性专利等8种类型。基础性专利主要是覆盖了创新技术成果的核心或基本方案的最主要技术特征，为其提供最大保护范围的若干专利，这些专利发挥了对该技术成果最基础、最重要的保护和控制作用。[①]

① 马天旗.高价值专利培育与评估 [M].北京：知识产权出版社，2018：133-138.

表 1.2 迪恩·卡门代表性的两轮平衡车控制器专利

发明名称：基于用户位置的个人运输车的控制		
公开号及 申请日期	US7275607B2	2004-09-13
专利权人 与发明人	SEGWAY INC	Dean Kamen; Robert R Ambrogi; James J Dattolo; Robert J Duggan; J Douglas Field; Richard Kurt Heinzmann; Matthew M McCambridge; John B Morrell; Michael D Piedmonte; Richard J Rosasco
摘要附图		
主要 技术要点	一种用于为运输者提供用户期望的运动方向或方向的输入的控制器。控制器具有用于接收用户的指定值的输入，该指定值基于检测到的用户的身体朝向。用户可以使用多种输入方式中的任何一种来传达用户指定的输入，包括：超声波人体位置感应；脚力感应；车把倾斜和活动车把；机械感应身体位置；和线性滑动方向输入。提供了一种可以包括主动车把的装置，该装置用于提示骑手以减少由于车辆的横向加速度引起的横向不稳定性的方式被定位在车辆上。	
专利的地位	基础性专利	

赛格威（Segway）的艰难发展历程如下：

1999年7月，卡门创立了雅克罗责任有限公司（Acros LLC）。

2001年11月，将公司名称改为Segway LLC。

2001年12月，正式公开了赛格威摄位车（Segway HT）的原型车。

2002年1月，第一辆赛格威的预产车推出。

2002年3月，第一辆实际量产的产品Segway HT i167正式出厂。

2004年10月，赛格威发表了一辆名为"半人马号"（Segway Concept Centaur）的四轮版概念车，是第一辆四轮的赛格威车。

2008年8月，Segway亮相北京奥运会，为保证奥运会临时设施的安全性，提高巡视效率及突发事件的快速处理能力而专门为安保人员配备了高科技智能环保代步车。

2008年11月，赛格威的首席技术官道格·菲尔德（Doug Field）被乔布斯挖走出任苹果工业设计部门副总裁。

2009年12月，Segway公司被一位杰出的英国企业家Jimi Heselden收购。

2010年，公司老板Jimi Heselden骑电动平衡车从悬崖意外坠下身亡。

2013年2月，摄位车被SSI Segway公司收购。[1]

2015年4月，纳恩博获得小米科技、红杉资本、顺为资本、华山资本A轮联合投资，成功收购全球自平衡车鼻祖Segway，获得诸多专利。

迪恩·卡门的平衡车一度被认为是划时代、可以改变人类运输方式的伟大创意，无论是产业界、学术界还是金融投资界，都对其寄予厚望。乔布斯对Segway的评价是：As big a deal as the PC（像个人电脑诞生一样重要）；Amazon 背后金主 John Doerr评价为：Maybe bigger than the Internet（可能是比互联网更重要的发明）。然而，在实际上，消费者的反应并没有预期般热烈，主要由于

---

[1] https://baike.baidu.com/item/ 赛格威 /3922168?fr=aladdin.

其昂贵的售价（约8万元人民币一台），消费者将其定位为奢侈品和大"玩具"。有数据显示，2001—2007年Segway总共只卖出3万辆平衡车。

人物简介：善意的发明家

"有些人生来就是为改变世界而存在的"，这句话用在美国一个传奇性人物身上再合适不过。他被称为现代版爱迪生，拥有440多项个人专利，预估可以拯救全球10亿人的生命。因为这些发明，他的身价高达5亿美元，与比尔·盖茨、乔布斯一起入选"全球十大辍学亿万富翁"，也成为香港首富李嘉诚的偶像。他可以免除一切安检，携带机器自由出入白宫总统办公室。他就是狄恩·卡门，被称为美国"工匠精神"第一人。

而最让人感动的是，他的很多发明都很"温情"和富有善意：比如为了解决婴儿用药的危险，发明了能够控制马达及注射药物剂量、定时释放定量药剂的"医用微处理器"；为了方便糖尿病病人，发明了可随身携带、能定时定量供给胰岛素的"世界上第一个胰岛素泵"；为了让肾病病人不必定期去医院而在家就可以接受治疗，发明了"便携式肾透析机"；为了战争中失去双臂的士兵，发明了"卢克之手"机器臂；为了非洲等贫困地区的饮用水问题，发明了可以把含砷的水、咸水、厕所水、化学废物处理水等，净化成能达到药用级别、可用于注射的绝对纯净水的"弹弓"水净化系统，并授权给世界各地的穷人免费使用，联合国因此授予他"全球人权奖"；为了很多失去腿的病人，他又发明出了举世震惊的"全自动iBOT多功能轮椅"，因为电动轮椅这个发明，迪恩还受到了当时的美国总统克林顿的接见。①

2.勤奋的发明家——陈星

2003年，陈星创办了一家新公司Inventist Inc.，把他平日业余爱好所发明的产品都放到这个公司来制造和销售。Solowheel属于他创办的Inventist Inc. 旗下子公司，也是平衡车的起源品牌。

回忆起独轮车这项发明，陈星说，灵感来自30多年前他还没出国的时候。"我从小在北京长大，那个时候很喜欢滑冰，每年冬天都会去。在滑冰的时候，我就发现，人很容易抬起一只脚保持滑行的平衡，这个概念就一直在我的脑海里。"这其实是一个很普通的发现，陈星当时也只是有一个模糊的概念，并没有想好要做什么。直到后来，陈星看到有人把电机装到那种杂耍用的座椅式独轮车上，他就觉得很好奇，也想试一下，结果发现这种独轮车的学习成本非常高，单单是保持平衡就已经很难了。后来他也尝试过给独轮车放一个平衡电动机作为辅助控制，但是还是很难学。就在这时，他突然想起了滑冰。人在滑冰时为什么单腿很容易保持平衡，独轮车一个轮为什么就难了呢？后来想到，人在滑冰时，保持平衡是利用了人体自己的调整和控制，人对这种平衡有天然的感觉。

由此，陈星大胆地把独轮车的座椅去掉，尺寸做得更小，能够夹在两腿之间，然后靠人体自身保持左右平衡。样机做出来之后非常成

---

① https://baike.baidu.com/item/ 赛格威 /3922168?fr=aladdin.

功，站在车上的人能够很容易保持平衡，学习过程只需要几分钟。然后，陈星很快把独轮车的技术申请了专利（见表1.3）。

表 1.3 陈星发明的独轮车代表性专利

发明名称：单轮电动站立式自平衡车		
公开号及申请日期	US8807250B2	2011-03-09
专利权人与发明人	INVENTIST INC	Shane Chen
摘要附图		
主要技术要点	一种电动独轮车装置，包括：单轮可旋转地连接到框架；电机带动所述轮；一种电子先导气阀和前后平衡控制系统，其控制所述电机，脚平台或平台耦合到该框架上；和所述框架腿上的接触表面，让压材料制成的，从主体向外突出的所述框架。	
专利的地位	基础性专利	

独轮车发明之后，被放到了Inventist Inc.，成为这个品类的起源品牌，一时间风靡全球。

据陈星回忆，一次他带着独轮车去德国慕尼黑参展，在展会上，陈星的女儿觉得无聊，开始玩起了独轮车。在过程中，他女儿左右脚各踩了一辆独轮车，通过左右脚不同力度和速度来控制方向，这一小孩子无意间的行为，给了陈星巨大的灵感——两个独轮车是不是可以接到一起？据陈星回忆，双轮的扭扭车的发明很快，几乎没碰到什么难题，一实验就成功了。①

　　2012年，陈星又发明了两轮电动滑板，也就是我们常说的扭扭车，虽然当时还只是个概念，但陈星很快向美国专利商标局提交了临时专利申请，并在其产品市场化之前提交了正式专利申请，其中包括一项扭扭车基础专利（见表1.4）。

表 1.4　陈星发明的扭扭车代表性专利

发明名称：具有独立可移动的支脚放置部分的两轮自平衡车辆		
公开号及申请日期	US8738278B2	2013-02-11
专利权人与发明人	Shane Chen	Shane Chen
摘要附图		
主要技术要点	两轮自平衡车装置，包括：第一足部放置件和第二足部放置件，两者彼此连接并可彼此相对独立运动；与第一足部放置件关联的第一轮和与第二足部放置件关联的第二轮之间间隔开并基本上处于平行；第一位置传感器和第一驱动电机被配置来驱动第一轮，第二位置传感器和第二驱动电机被配置来驱动第二轮；控制逻辑，其响应来自第一传感器的位置数据从而驱动第一轮以使第一足部放置件自平衡，以及响应来自第二传感器的位置数据从而驱动第二轮以使第二足部放置件自平衡。	
专利的地位	基础性专利	

① http://www.sohu.com/a/200549014_652096.

2013年，在专利还未获得授权时，陈星已经有成型的扭扭车面世，并以Hovertrax为名推向市场。

～～ 知识链接 ～～

1.在申请专利时的技术方案是否必须能够做出可市场化的成品？

专利法规定，发明专利保护的是一种新的技术方案，只要这个方案在理论上能够实施，就可以就该方案提出专利申请要求保护，并不要求必须有正规的设计图纸，也不要求必须做出成品，更不要求测试专利产品的功能或性能。

2.如何利用美国的临时申请制度？

美国临时申请是一种特殊的申请，美国临时申请具有以下特点：

1）作为临时申请提交的可以只是披露发明思想的草稿性说明文件，甚至可以是科技论文或实验总结，其无须符合正式申请的各种形式要求，无须撰写权利要求，发明人也无须提交宣誓书。

2）临时申请不会经过实质审查，也无须提交信息披露声明。

3）临时申请的费用低廉，完整官费只有260美元，如果申请人是小实体则只需要130美元。

4）临时申请在提出后一年内如果不转为正式申请，临时申请将既不会公布，也不会具有任何效力。

5）专利届满日的起算点并非以临时申请的申请日为起点，而是以正式申请的申请日为起点。

临时申请以其提交文件和办理手续简单的特点，成为很多美国申请人的首选。中国申请人如果计划在美国申请专利，提交临时申请也是不错的选择。中国专利法中仅规定向国外申请专利前需要提出保密审查，但并未规定首次申请一定要在中国提出，这使得中国申请人运用美国临时申请成为可能。中国申请人可以先提交保密审查，然后直接在美国提出临时申请，在后的中国和美国申请均可主张该临时申请的优先权。

由于临时申请提交的可以是草稿性文件，所需准备时间相对较短，当发明公开的紧迫性较高时，提交临时申请可以迅速确立较早的优先权日。并且，临时申请可以使用中文提交，只要在官方规定的期限前提交英文翻译即可。临时申请能够使支付正式申请费的时间延后，在资金缺乏或不确定发明是否具有申请专利的价值时，可以考虑提出临时申请，并在申请后的12个月内筹集资金或判断发明价值，也可考虑将发明转让给他人进行正式专利申请。

对于一个正式申请，其临时申请的数量没有限制，也就是正式申请可以要求多个临时申请的优先权，只要正式申请的申请日在最早的临时申请提出后12个月内即可。

在实际运用时，经常可以在首次临时申请后的12个月内，提出多个相关的临时申请。这一策略非常适合于复杂、重要且竞争激烈的技术领域。因为对于大家都在研发的一项热门技术，等待其涉及的每个技术特征都完善后再进行申请可能已经来不及，那么运用多次提出临时申请的策略可以为每个重要的技术特征确立自己的优先权日，对于后续正式专利申请的授权和无效诉讼将非常有帮助。[1]

陈星的美国扭扭车发明专利文件的专利附图是以草图提交的，其早在2012年2月12日就在美国提出临时申请，并在2013年2月11日提出

---

① 马天旗. 国外及我国港澳台专利申请策略 [M]. 北京：知识产权出版社，2017.

正式申请（注意，这期间整整是一年的时间），充分地利用了美国专利法的有关规定，保证了自己在先申请日的利益。

然而，独轮车和后来的扭扭车都没给陈星带来巨额的市场收益。

一方面，陈星本身并不擅长做企业。陈星曾说道，"我喜欢搞发明，对于搞企业不太在行，曾经自己也做了一段时间的生产、销售之类的工作，但是心思老不在这上面，还是想去发明更多的产品"。

另一方面，陈星的独轮车和扭扭车价格比同类产品高出很多。2012年，陈星的Solowheel独轮车进入中国，但因为售价昂贵，只能成为"土豪"的玩具。由此，Solowheel独轮车的销量遭遇一种不可言喻的尴尬：2014年，Solowheel在中国销售了735台，2013年为500台。

人物简介：勤奋的发明家

Shane Chen，中文名陈星，美籍华人发明家，1956年2月10日出生于北京。1975年中学毕业后，陈星赴北京郊区平谷县（现为平谷区）英城公社上山下乡，因为有技术，陈星被调到公社当电工。1977年8月，陈星发明了一项机井遥控技术，1977年11月11日的《光明日报》刊登了这项发明成果消息。也是在1977年，陈星考取北京农业大学（现为中

国农业大学）的农业气象学专业。1986年，他受美国公司邀请赴美发明新产品，成为Decagon Devices公司的一名产品设计师，并在很短的时间内，由工程师升任为副总裁。2009年，陈星创立Inventist Inc.，专门研制面向消费者的产品。2012年美国新发明博览会上，陈星发明的电动独轮车获奖，排名第二。2013年，他发明扭扭车。[1]他从小就自称为"修补匠"，拥有33项专利，发明范围不仅包括运动和健身产品，还包括家用电子产品和厨房电器。

3.扭扭车全球化发明家——应佳伟

2006年，教育部批准成立了浙江大学计算机辅助产品创新设计工程中心，全力推动产业转型升级。为了加快市场化进程，工程中心核心人员成立了股份制企业——杭州亿脑创新工场有限公司，更为直接快速地面向市场。杭州骑客智能科技有限公司是由杭州亿脑创新工场有限公司孵化的一家高科技型企业，是集研发、生产、销售于一体的电动两轮平衡车运营商。两轮平衡车发明团队最核心的人员就是应佳伟。

浙江蓬勃的滑板车产业给了应佳伟启发：滑板车作为一种儿童玩具曾经风靡街头巷尾，那么，能否让左右漂移的平衡车前后移动呢？基于这些猜想，应佳伟及其团队决定在现有的滑板车产品上加入智能平衡器技术，进行中国制造的创新加法。从2006年到2009年，苦熬过三年产品研发期后，应佳伟的平衡车开始进入长久的市场化过程，直到2014年8月，平衡车以"骑客"冠名，正式与苏宁合作进行全球首发。

2015年1月，美国拉斯维加斯举办了一场国际消费类电子产品展

---

[1] https://www.wheelive.cn/28988.html.

览会（International Consumer Electronics Show，简称CES）。作为全球最大的电子品类展览会，来自世界范围的行业翘楚都在互通有无，寻找开拓市场的契机，而应佳伟的骑客平衡车进入会展全球时尚产品排行榜。[①]

应佳伟发明的平衡车叫作人机互动一体化运动车，又称为"扭扭车"，也叫作"体感车"。这款平衡车以人机互动一体化运动车系统为主要发明原理，采用实时互动姿态调整技术将人的潜能激发，从而使其在骑行的过程中不倒。就像自行车，如果人不参与，自行车在任何时候都不可能自平衡，这款平衡车即是利用人机交互的结构系统、人机互动计算机系统、人的心理与生理预测系统，三者有机结合产生互动（见表1.5）。

表 1.5 应佳伟发明的扭扭车代表性专利

发明名称：电动平衡扭扭车		
公开号及申请日期	CN104029769B	2014-06-13
专利权人与发明人	杭州骑客智能科技有限公司	应佳伟；曹少军
摘要附图		

续表

主要 技术要点	电动平衡扭扭车，包括顶盖、内盖、底盖、轮毂电机、转动机构、平衡控制机构；顶盖、底盖均包括两个成对称布置且可相互转动的部件，内盖包括成对称布置且可相互转动的左内盖和右内盖，内盖处于顶盖及底盖之间并与这两者配合在一起；内盖的中间横向位置固定有转动机构；内盖的左右两侧边缘位置固定有纵向设置的轮毂电机；平衡控制机构固定在底盖上并与电机连接；所述转动机构包括两个轴承、一个轴套、两个卡簧；两个轴承分别固定在内盖的左内盖和右内盖的内端，轴套固定在两个轴承内，并且所述左内盖和右内盖朝内的端头具有筒体，轴承和轴套从外至内通过卡簧安装在该筒体内。
专利的地位	基础性专利

人物简介：擅于转化技术和孵化企业的发明家

　　应佳伟，武汉大学管理学硕士，浙江大学教育部计算机辅助产品创新设计工程中心常务副主任，亿脑创新工场总裁，杭州骑客智能科技有限公司董事长兼总裁，杭州高越科技有限公司董事长，中国机电产品进出口商会电动平衡车分会理事长。参与亿脑创新工场的多项技术转化，孵化出多家企业，作为发明人的专利320余项。

　　创业前的应佳伟是一名大学老师，在12年的教师生涯中，他最大的爱好就是躲在实验室里鼓捣各种发明。创业之后的应佳伟成功研发并生产了很多畅销产品，像智能割草机、智能扫地机、水下机器人等。到2009年，亿脑科技成功孵化12家公司，应佳伟卖掉8家公司，自己实际控股经营3家实体公司。

4.纳恩博公司发明团队

除了杭州骑客智能科技有限公司以应佳伟为首的发明团队外，其他中国代表性的发明团队还有以王野为首的纳恩博公司团队、以陈养彬为首的新世纪公司团队，以及以周伟为首的乐行天下公司团队等。

下面以纳恩博公司为代表进行阐述。在这里我们主要采取专利信息分析的手段，快速和准确地分析出一家企业的核心发明团队成员，以及专利布局的策略与重点。[①] 下面的内容就是基于专利分析的方法获得的相关信息（统计数据截至2019年12月）。

（1）总体专利申请情况

纳恩博公司创立于2012年，总部位于中国北京，在天津和常州分别开设有子公司。截至2019年12月，纳恩博的中国发明团队共申请700多项专利，其中实用新型就有200多项。可见，纳恩博的专利布局中实用新型也占据了很重要的地位。

知识链接

初创企业专利布局中如何充分利用实用新型制度？

如果企业资金缺乏，又希望快速实现保护，可以采用以申请实用新型专利为主的专利布局策略。虽然通常人们认为实用新型专利的价值不及发明专利，但是实用新型专利维护成本低，审查程序简单，创

---

① 马天旗.专利分析：方法、图表解读与情报挖掘 [M].北京：知识产权出版社，2015:38-47.

造性标准相对低，授权较快，比较适宜对小发明的保护。因而对创建初期资源有限的新创企业来说，选择实用新型专利类型作为专利布局的主体是保护其技术改良和自主创新的重要途径。但是不能采用仅包含实用新型的单一类型的专利布局策略，最好辅以少量发明专利，将发明专利布局在企业的关键技术上，为企业长远发展做准备。[①]

纳恩博利用实用新型"短、平、快"的特点，利用实用新型专利进行了快速的卡位式专利布局，以最大可能封堵竞争对手。

但是，纳恩博在平衡车这个行业布局专利的时间较晚，从2014年才开始有专利申请。在并购Segway之后其专利申请量急剧增加，在2016年就达到了250项（见图1.6）。据了解，纳恩博的专利申请量此后逐年增加（由于专利申请到公开有较长的滞后期，图中2017-2019年的专利申请数据失真）。

（2）专利地域布局策略

在专利地域布局方面，纳恩博非常注意海外主要市场的布局。平

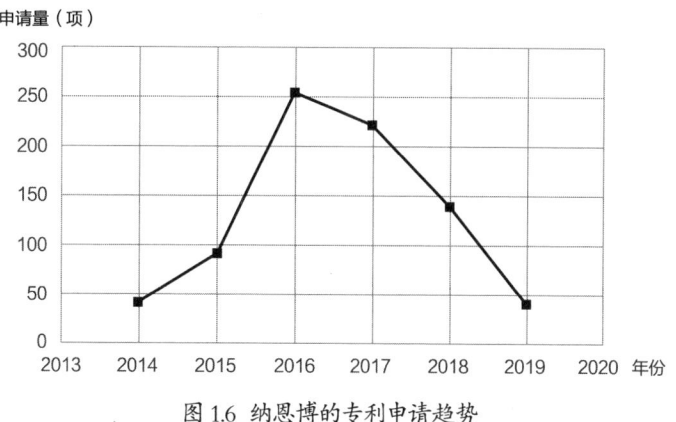

图1.6　纳恩博的专利申请趋势

①马天旗 . 专利布局 [M]. 北京：知识产权出版社，2016:102.

衡车的主要市场除中国外，还有北美市场和欧洲市场。在这些区域，纳恩博都进行了专利布局（见图1.7）。此外，纳恩博在进行海外专利布局时，特别注重利用PCT国际专利申请制度[①]，已经布局了90多件PCT专利申请。

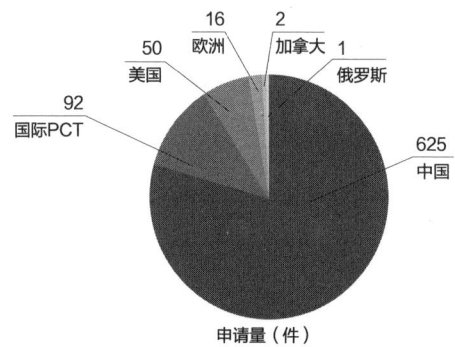

图 1.7 纳恩博专利的地域布局情况

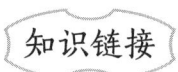

PCT专利申请制度有何优势？

（1）简便的程序

按照传统的申请程序，若就一份申请向多个国家提交申请，需要根据这些国家规定的语言、格式等要求准备多份申请文件、缴纳多次

---

① PCT 为 Patent Cooperation Treaty（专利合作条约）的简写，该条约于1970 年签订，由世界知识产权组织管理。PCT 体系允许申请人利用一种规定的语言、提交一套满足形式要求的申请文件、缴纳一组费用向同一国家专利局提出申请即可在所有 PCT 缔约方都具有法律效力，这种简便的程序、有效的费用令申请人感到世界触手可及，从而吸引了越来越多的申请人选择 PCT 途径向海外提交专利申请。

费用，即便是按照《巴黎公约》途径要求了优先权，申请人自首次申请也仅有12个月可以准备不同语言、不同要求的文件，这给申请人带来了巨大挑战。而PCT第27.1条规定："任何缔约方的本国法不得就国际申请的形式或内容提出与本条约和细则的规定不同的或其他额外的要求。"因此，若通过PCT途径进行申请，申请人可以通过一套文件、一笔费用即可在所有成员方都具有正规国家申请的效力。不仅如此，若申请人对申请文件在国际阶段进行了修改与更正，该修改与更正无须在国家阶段再逐一递交，国际阶段的更正与修改即可在所有指定国生效。这种简便的程序大大提高了申请的便利性。

（2）更多考虑与准备的时间

PCT申请从首次申请到进入国家阶段，有30个月的考虑与准备时间，申请人可以基于最新的行业现状判断哪些地域是未来的目标市场，并对发明的商业前景以及其他因素进行调查，在花费较大资金进入国家阶段之前，决定是否继续申请外国专利。若经过调查，决定不向外国申请专利，则可以节省费用。

同时，每个国家或地区对申请语言、申请文件格式等的要求不同，申请人可以有这30个月充足的时间准备申请文件，以满足相关的要求。

（3）有价值的决策参考

向多个国家递交申请往往伴随着巨额的费用，而是否向海外递交申请或向多少个国家递交申请往往受专利授权前景的影响。对于授权前景良好的申请，申请人更愿意投入资源进行海外申请，但大多数申请人没有能力对专利授权前景进行预判，PCT申请程序很好地解决了这一难题。在PCT国际阶段，申请人可以获得国际检索报告和书面意见，该检索报告是基于专业检索专家在专业数据库中的检索结果做出的，而书面意见也是专业的审查员对新颖性、创造性、实用性等实质问题的专业评价，因此具有非常高的参考价值。如认为必要，申请人还可以请求国际补充检索，由另外的国际检索单位针对特定语言、特定地区的文献再进行检索，申请人还可以提出国际初步审查请求，从而获得修改后申请文件的可专利性报告。这些报告和意见为申请人决策提供了有价值的参考。

（4）全面的救济程序

PCT程序还为申请人提供了充分的修改机会，使得申请人有机会修改权利要求书、说明书等申请文件。对于申请人错误或疏忽，PCT程序也提供了诸多改正机会，申请人可以通过明显错误更正的方式修改申请文件的缺陷、通过优先权恢复、延误进入国家阶段期限的恢复等方式来修正缺陷或弥补失误。全面的救济程序为申请人提供了全面的保障。

当然，需要注意的是，仅需向非常有限的国家申请时，PCT费用则显得相对较高。此外，通过PCT途径申请需要经过国际阶段再进入国家阶段，与个别国家相比，通过PCT途径获得专利权的周期相对长一些。[1]

（3）核心发明团队

从图1.8可以看出，排名前三的发明人的专利量较大，王野、刘磊等均为纳恩博的高层管理人员，这与该公司成立的背景是分不开的。作为公司高管的主要技术人员能够保证研发工作的顺利进行。整体而言，纳恩博的专利亦是研发团队的合作成果。

---

[1]马天旗. 国外及我国港澳台专利申请策略 [M]. 北京：知识产权出版社，2018：9-35.

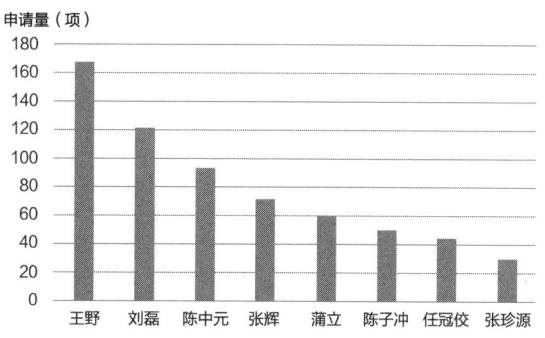

图 1.8 纳恩博专利的主要发明人（发明数量前 8 位）

在纳恩博核心发明团队中，2016 年以前主要是王野、刘磊和张辉，但在 2016 年之后，陈中元、陈子冲和任冠佼等更多地参与到研发中（见图 1.9）。一方面由于纳恩博业务发展迅猛，王野等公司管理层需要投入更多精力参与公司管理，另一方面是研发难度增加，更需要团队的智慧和新的研发人员加入。

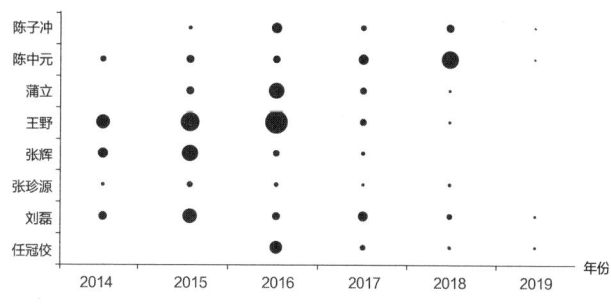

图 1.9 纳恩博主要发明人专利申请趋势

（4）专利布局的重点

从图 1.10 可以看出，纳恩博公司专利开发较多集中于压力传感器、电机控制方法和路径规划方法。可见，核心部件和控制方法是其主要的研发方向，同时在车轮轮毂、防护件等机械结构方面也有不少相关专利，专利布局比较全面。

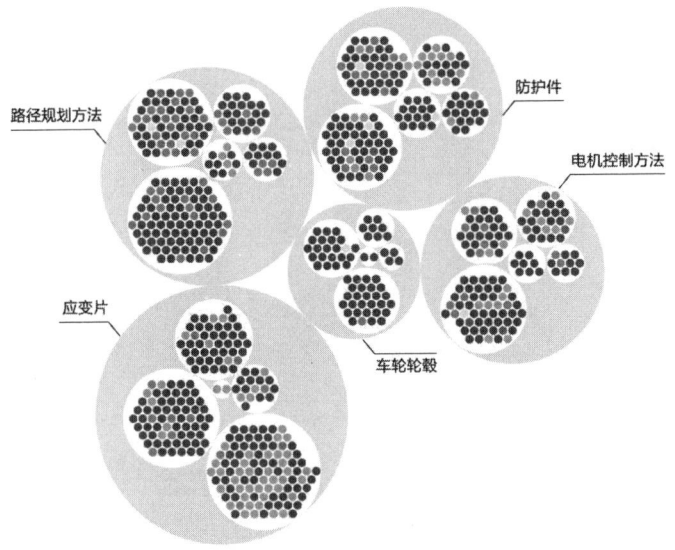

路径规划方法

防护件

电机控制方法

应变片

车轮轮毂

图 1.10 纳恩博专利所属技术领域

三、平衡车产业的三大阵营

平衡车领域的专利战争基本上都是集团作战，阵营的对垒。目前，全球的平衡车产业按照掌握专利的情况主要可以分为三个阵营。

1.带杆两轮平衡车基本专利阵营

第一个阵营是著名平衡车厂商Segway、Ninebot具有带杆两轮平衡车基本专利的阵营。

2.扭扭车核心专利阵营

第二个阵营是以杭州骑客、美国IO Hawk等具有扭扭车核心专利为主的阵营。

3.独轮车和扭扭车早期专利阵营

第三个阵营是美籍华人陈星的Inventist Inc. 和Solowheel以及美国品牌 Razor 为代表的具有单轮平衡车和扭扭车早期专利的阵营。

当然，这种分类方法不一定适用所有平衡车企业，有的中国平衡车企业既掌握一部分扭扭车的核心专利，也掌握带杆两轮平衡车和/或独轮车的一些核心专利。

四、对研发人员的两点建议

1.善用创新方法

精确地发现问题就相当于解决了问题的一半。强烈的市场需求是催生伟大发明的原生推动力，伟大的发明家会加快满足这些市场需求的伟大发明的诞生速度。但是勤奋的发明家只需掌握科学的发明方法，同样可以高效率地朝着划时代的发明的方向前进。

比如就解决城市中5km内交通中汽车拥堵问题，通过TRIZ理论中的"九屏幕法"和"最终理想解"等创新思维训练工具同样可以给出很多解决方案，利用这些工具可以帮助技术创新，并且可以辅助挖掘出很多有用的专利技术方案。[1]

九屏幕法（也称"九宫格"）是TRIZ理论中为了解决系统矛盾、克服思维惯性而采取的一种创新思维方法，同时，它也是寻找和利用资源解决工程问题的一种有效途径（见图1.11）。

---

[1]马天旗．专利挖掘 [M]．北京：知识产权出版社，2016:29-34.

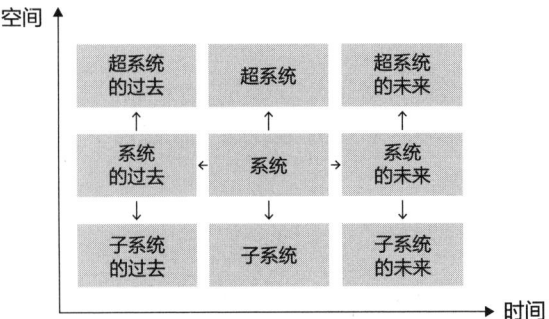

图 1.11 九屏幕法示意图

如面对城市中5km内的交通问题，系统的过去主要是骑自行车解决，但面临从出发点到结束点的自行车获取和停车问题，那么是否可以通过公共配给自行车和设置必要的停车场所，或者通过自行车租赁或共享来解决这一问题，进而需要对这些需求来针对性地改造自行车和配套设施？但是即使存在这样的自行车和配套设施，仍然不能满足体力不佳、对速度有较高要求的人群。那么就希望系统的将来能出现一种自带动力的小型交通工具，如可租赁或可共享的电动、可折叠的自行车或滑板车，或者可以通过未来的超系统的交通规则的改变，允许小到只有轮子的电动代步工具甚至是微型飞行器就能够"上路"（见图1.12）。

虽然有点"事后诸葛亮"，但经过上述分析，是不是共享单车和

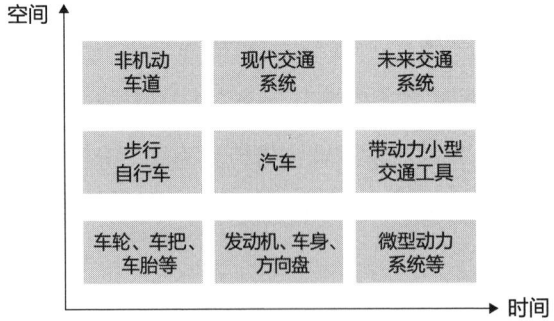

图 1.12 城市中 5km 内的交通问题的九屏幕法分析

平衡车的概念就已经出来了？

知识链接

创新方法主要有哪些？

创新的方法有很多，比如激发群体创新智慧的头脑风暴法、聚焦发明问题解决法的TRIZ理论、基于因果关系问题解决的鱼骨图法、放射性思考具体化的思维导图法、既能集思广益又能避免专家会议法缺点的德尔菲法、作为创新设想产生启发器的5W1H法、按照特定的程序进行思考的六项思考帽法、从功能与成本的比较中发现价值潜力的价值工程法等。此外，根据现有创新基础还可以进行递进创新、组合创新、移植创新、逆向创新等。

2. 把握布局基本专利的时机

纵观平衡车产业的发展和专利申请趋势，平衡车可以主要分成三个发展阶段：萌芽期（1999—2009年）；缓慢发展期（2010—2014年）；快速发展期（2015年至今）（见图1.13）。迪恩·卡门针对带杆两轮平衡车的多数基本专利和核心专利是在1999—2009年申请的，陈星针对单轮和扭扭车的基本专利和核心专利主要是在2010—2014年布局的，而我们国内在扭扭车领域布局较早的骑客则主要是在2014年以后才开始布局的（见图1.13）。

可见，针对一个行业比较重要专利的布局要尽早开始，尤其是要早于产品上市之前，当然前提是要把握好技术发展方向并做好研发。大多数基本专利和核心专利都是在这个行业大规模发展之前已经布局好了的。

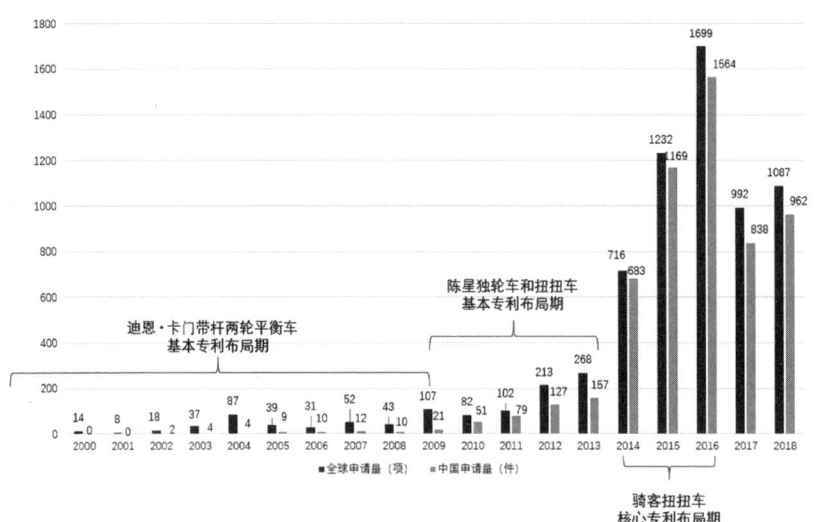

图 1.13 平衡车产业全球专利申请趋势

如何确定基本专利与核心专利的布局时机?

对于技术发展比较迅速、产品生命周期相对较短的行业,专利最主要的功能是"卡位"。在制定专利布局策略时,要保证自身的技术优势与竞争对手拉开一定的距离。因此,这些行业的基本专利和核心专利的布局要趁早,而且还要对应性申请一些重要的支撑性和配套性的外围专利。

对于技术发展比较缓慢、产品生命周期较长、前期研发投入大、需要较长的专利保护期来保证市场收益的行业,专利最主要的功能是"最长时间掌控市场",这些行业的基本专利和核心专利的布局要紧盯竞争对手研发动向,择机、分批次地布局基本专利和核心专利。

结 语

　　本篇梳理了平衡车行业世界范围内的主要发明人和发明团队，希望能总结出有益的发明创造的规律以飨读者。同时，归纳了创造过程中需要注意的专利问题，以使后来的发明人能够少走弯路。

　　在收集整理资料的过程中，作者深刻地体会到发明不易、创业维艰。这些发明家"不唯有超世之才，亦必有坚韧不拔之志"。大多数发明家和核心发明团队不忘初心，坚持不懈地进行发明创造的精神值得所有人学习。通过走进这些发明故事，一个个鲜活的发明人的创业故事跃入眼帘，令人敬佩，令人深思。

第二篇

蓬勃发展

壮岁旌旗拥万夫，锦襜突骑渡江初。

——辛弃疾

　　一个行业从萌芽到蓬勃发展，有时中间的过渡期非常短。平衡车行业的快速发展既有其技术发展逐渐成熟的必然因素，也有市场等方面的偶然因素。然而，当平衡车行业极速发展，中国的平衡车产品猛烈地冲入欧美市场时，除了中国平衡车行业整体上显现的问题，中国平衡车企业也逐渐暴露出知识产权布局、储备和管理方面的不足。

一、扭扭车的市场爆发

在2015年拉斯维加斯的CES消费类电子产品展[①]上，扭扭车大放光彩，名声大噪。那时候，IO Hawk公司一款名为IO Hawk的扭扭车品牌（据了解，该款扭扭车是由骑客为其制造的，见图2.1）在展会上迅速引起消费者的热烈关注，成为最吸引眼球的产品之一。

扭扭车的迅速走红主要原因还是其设计和性能迎合了大众的需求。"如果独轮车和滑板车有结合体的话，那应该是CES上展出的IO Hawk了，它是一种个人代

图2.1　IO Hawk 扭扭车

步工具，没有Segway电动平衡车的手柄，而且比独轮车多了一个轮子，可以说兼具前者的稳定与后者的便捷。"[②]

---

①国际消费类电子产品展览会（International Consumer Electronics Show，简称 CES），由美国电子消费品制造商协会（简称 CEA）主办，旨在促进尖端电子技术和现代生活的紧密结合。展览会每年1月在拉斯维加斯举办，是世界上最大、影响最为广泛的消费类电子技术年展，也是全球最大的消费技术产业盛会。

②https://www.leiphone.com/news/201501/f3PfATLo09zjMQhF.html.

名人的示范效应更是为扭扭车"推波助澜"。① 平衡车自上市以来，备受时尚界达人的青睐。贾斯汀•比伯、科比、范冰冰等国内外明星均使用过这款产品（见图2.2）。随后，扭扭车开始出现在Facebook和Twitter等社交平台上，各种名人开始晒他们玩扭扭车的视频。贾斯汀•比伯在公众场合骑扭扭车，还有排舞。甚至NBA的J.R. Smith也在总决赛彩排时骑着扭扭车出场。一个叫J Stax的歌手甚至专门为扭扭车写了一首歌《my hoverboard（我的扭扭车）》，其在MTV里面的扭扭车包着婴儿的衣服，像婴儿一样被抱着……

NBA 扣篮大赛　　　《奔跑吧兄弟》中的范冰冰　　　最强大脑

贾斯汀•比伯等明星

图 2.2　明星效应为平衡车带来光环

---

① https://www.wheelive.cn/10430.html.

由于扭扭车的体验和学习难度比独轮车小很多，再加上仿制厂商纷纷突破技术瓶颈，2015年4月开始，扭扭车突然开始大行其道。

电动平衡车产品附加值高，国外售价一般不低于500美元，甚至可高达1000美元，又因其时尚、环保等特点，深受世界各地消费者欢迎。据不完全统计，2015年全球的平衡车市场规模达到500亿元。2015年是中国电动平衡车市场的井喷期，据广东省电动车商会统计，该年度仅深圳市涌入电动平衡车产业的企业就达600多家，深圳海关出关量最高峰达到每天10多万台，被称为"拉动中国GDP的黑马产品"。根据业内估算，包括整车、主板、电机、电池、充电器、模组等上下游在内的电动平衡车产业产值估计超千亿元，从业人口达百万，其中广东、浙江是产业大省。

海关出口数据也证实了这一点，电动平衡车出口自2012年开始逐年增长，并在2014年年底开始放量（见图2.3和图2.4）。

图 2.3 2011—2015 年平衡车的出口额

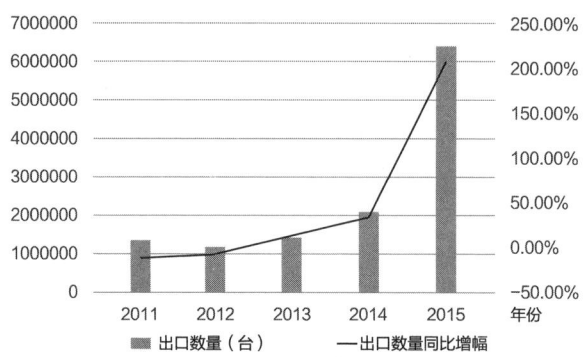

图 2.4　2011—2015 年平衡车的出口数量

　　从专利申请量也可以看出，在2008年之前，国内平衡车专利申请并不多。随着平衡车在2008年兴起后，平衡车专利申请量开始上升。2013年后平衡车专利申请量飙升，而对应时间段正是平衡车市场大热的时间（见图2.5）。

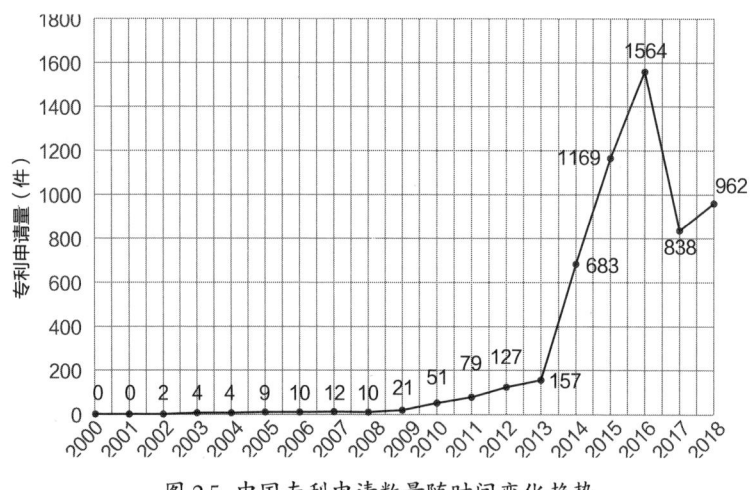

图 2.5　中国专利申请数量随时间变化趋势

|人物访谈|

　　唯轮网总经理陈家鸣被采访时说："2015年四、五月的时候，平衡车非常火爆，平衡车生产厂家需要拿着现金到控制器、配件等厂家排队等候。"

平衡车的火爆场面可能用多少文字和篇幅都无法来描绘。但本书的目的主要是总结该行业的知识产权问题和经验，因此本篇接下来的内容主要围绕平衡车这一时期"故事主角们"的基本情况和其面临的知识产权问题来展开。

二、骑客公司快速发展中的专利问题

1.企业基本情况

杭州骑客智能科技有限公司的研发专家团队以多名相关专业的博士、硕士为主组成，在软件开发、工业设计、自动化控制等领域拥有技术权威人士和业内的顶级人才，拥有平衡车核心研发专利300多项。

杭州骑客于2009年就开始组建电动平衡车技术研发团队，2013年5月正式成立杭州骑客公司，并于2014年8月在苏宁易购首发第一代人机互动平衡运动车，也就是无杆两轮电动平衡车——扭扭车。

在美国拉斯维加斯展会上，它被评为排名第4的时尚产品，并被英国媒体评为奢侈品。[①] 骑客的电动平衡扭扭车CHIC-Smart斩获2015年"市长杯"创意杭州设计大赛产品组金奖（产品样例见图2.6），该平衡车利用双脚与脚踏水平面的倾斜角度来控制车体的前进与后退，并且可以实现360°原地旋转，爬45°斜坡。[②]

"从2014年8月投放市场至今，一天的产量大约为5万台，去年公司产值为2000万元，今年我们的计划是产值破亿元。"获奖人杭州骑

① http://www.chic-robot.com/about/introduce.

② 2015"市长杯"创意杭州工业设计大赛完美收官［EB/OL］.http://www.hangzhou.gov.cn/art/2015/11/13/art_812267_270455.html.

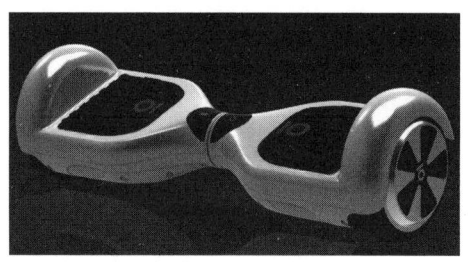

图 2.6 骑客电动平衡扭扭车 CHIC-Smart

客智能科技有限公司总经理应佳伟说。

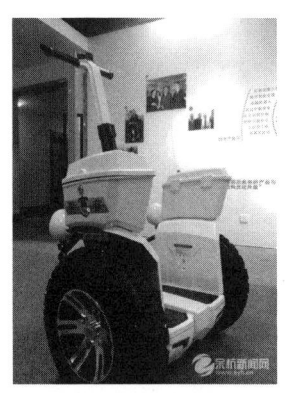

图 2.7 应用于 G20 峰会的
骑客平衡车警用版

骑客智能科技制造的平衡代步车在G20杭州峰会上再展身手。骑客科技的智能型平衡代步车在峰会期间承担了安保、警戒等任务。据了解，骑客御虎Jazz警用款采用第三代自平衡技术平台，配置进口陀螺仪和芯片，专用锂电池动力相当强劲，时速可达20km/h，续航里程达35km，爬坡角度可达30°，外加骑客独有的九重安全防护技术支持（见图2.7）。①

但是这期间骑客的发展也并不是顺风顺水的，涉及的问题有很多。下面主要从骑客涉及的专利问题进行剖析。

2.专利被侵权

由于扭扭车的制造门槛不高，市场供不应求，利润率高，骑客的扭扭车还没来得及在市场上大显身手，就遭遇了很多厂商的仿制生

---

① 骑客平衡代步车 G20 峰会显身手［EB/OL］. http://www.eyh.cn/class/class_24/Articles/384383.html.

产。单在中国裁判文书网上进行简单的搜索，就发现针对骑客的近50多次的专利侵权（见图2.8）。

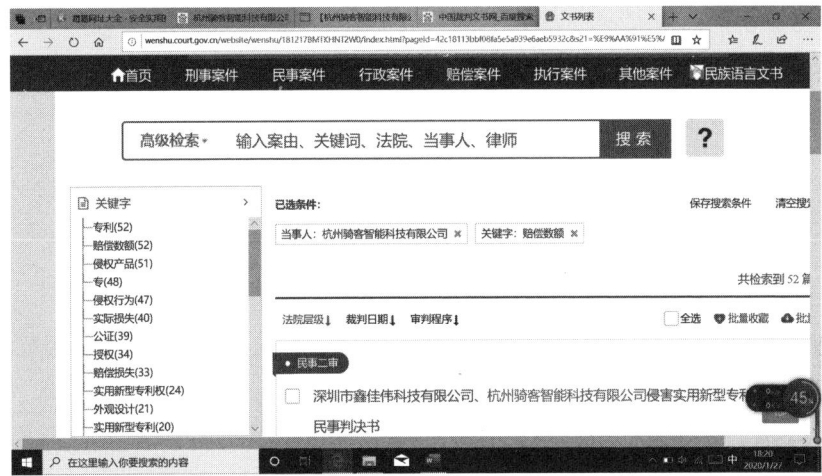

图2.8 中国裁判文书网上涉及杭州骑客有赔偿金额的专利侵权诉讼

| 人物访谈 |

　　侵权我们产品的企业不会自己乖乖地交许可费，我们必须自己来做工作，通过调查取证、专利诉讼、培训海关人员进而进行海关查扣等手段，把侵权企业拉到谈判桌上。最多的时候我们同时起诉200多家企业。

——时任骑客法务部主管李露

　　被逼无奈，骑客只能拿起法律武器，起诉仿制厂商专利侵权。下文摘取比较有代表性的一个专利侵权纠纷案例进行分析。该案为"杭州骑客智能科技有限公司与浙江波速尔运动器械有限公司侵害实用新型专利权纠纷案"（该案判决书原文参见附件1）。①

①中国裁判文书网. http://wenshu.court.gov.cn/.

该案例被评为"2017年中国法院50件典型知识产权案例",浙江法院新闻网还专门对该案例进行了深入的解读分析,部分内容如下①:

2015年6月12日,骑客公司向国家知识产权局申请了"一种改良电动平衡车"的实用新型专利,授权公告日为同年10月14日,专利号为ZL201520407602.9。该专利本国优先权数据记载在先申请为2014年6月13日骑客公司向国家知识产权局申请的申请号为ZL201410262353.9、名称为"纵向双轮车体"的发明专利。2016年8月8日,宁波海关应骑客公司申请,扣留了波速尔公司申报出口的电动滑板车3530辆,后因波速尔公司提交了主张未侵权的相关证据及保证金,该批货物得以放行。

双方曾另签订《骑客平衡车加盟知识产权授权使用合同》,骑客公司准许波速尔公司实施3项案外专利,但要求波速尔公司在其制造和销售的产品上必须具有骑客公司授权的指定标识(如商标、防伪标签等);未使用授权标识或使用标识不合格,则认定为非授权产品。许可期限自2015年9月15日至2016年9月15日止,波速尔公司依约支付了30万元的许可使用费。

骑客公司涉案专利的权利要求1为:一种改良电动平衡车,其特征在于,包括:顶盖,包括呈对称设置且可相互转动的第一顶盖和第二顶盖;底盖,和顶盖相固定,所述底盖包括呈对称设置且可相互转动的第一底盖和第二底盖;内盖,固定于顶盖及底盖之间,所述内盖包括呈对称设置且可相互转动的第一内盖和第二内盖;转动机构,固定于所述第一内盖和第二内盖的中间;两个车轮,分别可转动地固

---

① 杭州骑客智能科技有限公司与浙江波速尔运动器械有限公司侵害实用新型专利权纠纷案[EB/OL].(2018-04-16).http://www.zjcourt.cn/art/2018/4/16/art_80_10773.html.

定于内盖的两侧；两个轮毂电机，分别固定于两个车轮内；多个传感器，设置于所述底盖和内盖之间；电源，固定于第一底盖和第一内盖之间；以及控制器，固定于第二底盖和第二内盖之间，所述控制器电性连接所述多个传感器、电源和轮毂电机，所述控制器根据传感器传输的感测信号控制相应的轮毂电机驱动相应的车轮转动。

骑客公司起诉称：波速尔公司制造、销售被诉侵权产品的行为构成对其实用新型专利权的侵害，给其造成重大经济损失，于2016年9月2日诉至一审法院宁波中院，请求判令波速尔公司：①立即停止制造、销售侵害其涉案专利权的被诉侵权产品的行为；②赔偿其经济损失及维权合理费用合计150万元。

波速尔公司一审答辩称：①被诉侵权技术特征未落入骑客公司专利保护范围；②被诉侵权技术特征系现有技术；③骑客公司已将相关专利许可波速尔公司使用；④骑客公司主张赔偿额过高。

宁波市中级人民法院经审理认为，被诉侵权技术方案电池部分的技术特征不落入涉案专利权利要求1"电源，固定于第一底盖和第一内盖之间"技术特征的保护范围，故根据全面覆盖原则，判决：驳回骑客公司的诉讼请求。

一审宣判后，骑客公司不服，向浙江省高级人民法院提起上诉称：①被诉侵权产品具备涉案专利权利要求1记载的全部技术特征，落入涉案专利权的保护范围；②波速尔公司违反授权使用合同的约定，被海关扣押的相关产品为非授权产品；③骑客公司就涉案专利享有优先权，波速尔公司主张的现有技术抗辩不能成立；④其主张的赔偿数额应得到支持。

二审法院审理后认为，争议焦点主要为：①被诉侵权产品是否落入了涉案专利权的保护范围；②波速尔公司主张的现有技术抗辩能否成立；③双方之间存在的专利技术许可协议是否能阻却涉案被诉侵权行为的成立；④若构成侵权，应如何合理确定波速尔公司的侵权责任。

（1）关于侵权比对的问题。双方争议点主要在于被诉侵权产品是否具备涉案专利权利要求1所限定的"电源，固定于第一底盖和第一内盖之间"及"转动机构，固定于第一内盖和第二内盖的中间"这两项技术特征。二审法院在比对中主要认为，一是附加的技术效果并不影响在涉案专利侵权比对中对全面覆盖原则的适用；二是转动机构可以认定为功能性技术特征，被诉侵权产品采用的转动装置是本领域普通技术人员无需创造性劳动即可联想到的简单替换选项。认定被诉侵权产品落入涉案专利权的保护范围。

（2）现有技术抗辩的问题。其中包含了该案的裁判要点。应先确定涉案专利是否享有优先权，方可对用于现有技术抗辩的证据资格作出评判。认定一项专利是否享有其主张的优先权，关键在于认定在后专利是否系与优先权内容为相同主题。而相同主题的发明或者实用新型，是指技术领域、所解决的技术问题、技术方案和预期的效果相同的发明或者实用新型。但这里所谓的相同，并不意味着在文字记载或者叙述方式上完全一致。此外，优先权的成立与否需要就权利要求进行逐项审查，并非对专利技术方案的整体评判。涉案专利权利要求1所描述的技术方案、所要解决的技术问题等均在主张优先权的在先专利申请文本中得以体现，得到该在先专利申请文本的支持，并无增加新的发明创造内容，符合享有优先权的条件，这亦可与骑客公司就涉案专利提交的专利权评价报告相印证，予以确认。波速尔公司提交的作为现有技术的专利文件，其申请日与涉案专利的优先权日相同，不具有现有技术抗辩资格，波速尔公司主张的现有技术抗辩不能成立。

（3）关于授权合同的问题。该授权使用合同明确约定，若波速尔公司制造和销售的产品上未使用骑客公司授权的指定标识，即为非授权产品。而在该案中，骑客公司申请宁波海关扣押的由波速尔公司所制造的被诉侵权产品并未使用骑客公司授权的任何指定标识。从该角度而言，波速尔公司有违专利被许可方应履行的义务，骑客公司有权主张涉案被诉侵权产品为非授权产品，并就此提起专利侵权诉讼。双方之间签订的授权使用合同并不能阻却涉案被诉侵权行为的成立。

（4）关于赔偿数额的问题。考虑到双方之间曾就与涉案专利的相关联专利签订授权使用合同，波速尔公司共预付款项30万元；涉案专利与授权许可专利具有一定关联性；涉案被诉侵权产品数量为3530辆，波速尔公司为放行该批货物缴纳了2954363元担保金；骑客公司类似电平衡车产品的单价为2699元；骑客公司支出的合理维权费用等因素，酌情确定赔偿额为15万元。

二审法院最终判决：撤销一审判决；波速尔公司立即停止制造、销售落入涉案专利权保护范围的产品的行为；波速尔公司在判决生效之日起十日内赔偿骑客公司15万元。

值得注意的是，在该案的二审中，法官支持了如下内容：

将被诉侵权产品与涉案专利权利要求1所记载的技术特征进行比对，双方最主要的争议在于被诉侵权产品是否具备涉案专利权利要求1所限定的"电源，固定于第一底盖和第一内盖之间"及"转动机构，固定于第一内盖和第二内盖的中间"这两项技术特征。

关于电源位置的问题。涉案专利限定为"固定于第一底盖和第一内盖之间"，这既可理解为在第一底盖和第一内盖所形成的空腔内设置相应的连接件，将电池与之相固定；亦可理解为电池固定在底盖或内盖后，其固定后的位置处于第一底盖和第一内盖所形成的空腔内。

涉案被诉侵权产品在底盖下部开设有电池的方形通孔,并通过电池两侧的卡扣与通孔的内凹翻边相卡合,实现底盖对电池的初步固定。同时,被诉侵权产品在内盖设计有对应的电池容腔,以使得安装电池后顶盖、底盖及内盖之间可以实现完全闭合;电池的两电极片亦在安装后与内盖上所设的弹性电极片紧密接触,实现电力传输。被诉侵权产品的电池在完全固定后仍处于底盖和内盖所形成的空腔中,位于底盖与内盖之间,符合"电源固定于第一底盖和第一内盖之间"的限定。虽然被诉侵权产品采用了较为精巧的设计,将电池通过卡接于底盖的方式进行初步固定,且能方便电池的取用和更换,增加维修的便利,但此类附加的技术效果并不影响在涉案专利侵权比对中对全面覆盖原则的适用。一审判决对该部分的技术比对认定有误,应予纠正。

关于转动机构的问题。双方的争议主要在于"转动机构"是否属于功能性特征及被诉侵权产品中的转动机构与涉案专利实施例所展示的具体实施方式是否构成等同。《最高人民法院关于审理侵犯专利权纠纷案件应用法律若干问题的解释》第四条规定,对于权利要求中以功能或者效果表述的技术特征,人民法院应当结合说明书和附图描述的该功能或者效果的具体实施方式及其等同的实施方式,确定该技术特征的内容。《最高人民法院关于审理侵犯专利权纠纷案件应用法律若干问题的解释(二)》第八条第一款作出了进一步规定,即功能性特征,是指对于结构、组分、步骤、条件或其之间的关系等,通过其在发明创造中所起的功能或者效果进行限定的技术特征,但本领域普通技术人员仅通过阅读技术要求即可直接、明确地确定实现上述功能或者效果的具体实施方式的除外。该案中,"转动机构"体现了"装置+功能"的典型功能性特征描述方式,在权利要求中并未给出具体的实施方式,实践中关于转动功能的实现亦有多种方式可供选择,凭现有证据尚不足以认定本领域普通技术人员仅通过阅读技术要求，即可直接、明确知晓该转动机构的具体实施方式，故宜将"转动机构"认定为功能性特征。涉案专利文件中所披露的通过轴套与两侧的轴承和卡簧相配合，实现轴套两侧所连接部件之间转动配合的转动机构具体实施方式，是本领域关于转动机构的常见技术方案。被诉侵权产品中，轴套的一端与内盖通过过盈配合及销钉铆接的方式实现相对固定，另一端则通过与轴承、卡簧的配合实现与另一侧内盖的连接。该种转动机构的具体实施方式与涉案专利所示的实施方式之间在整体功能、效果上并无不同，手段上亦基本相同，两者并无实质性区别，是本领域普通技术人员无需创造性劳动即可联想到的简单替换选项，故可认定被诉侵权产品中上述相应技术特征与涉案专利所描述的"转动机构"这一功能性特征构成等同。

知识链接

1.什么是专利侵权比对中的全面覆盖原则？

全面覆盖原则，即全部技术特征覆盖原则，指如果被控侵权产品包含了专利权利要求中记载的全部技术特征，则落入专利权的保护范围。

因此，对于企业来说，即使对他人专利对应的产品进行改进，在原来的技术上增加了新的特征和功能，只要还包含他人专利权利要求中记载的全部技术特征，仍然侵犯竞争对手的专利权。

2.什么是专利侵权比对中的技术特征等同原则？

适用等同原则有两个条件，一是与权利要求中的技术特征以基本相同的手段、实现基本相同的功能、达到基本相同的效果；二是对本领域的普通技术人员来讲是显而易见的。

因此，对于企业来说，即使对他人专利对应的产品的一些技术特征替换成同样功能的其他技术特征，即使比原来的技术特征增加了新的功能，如果是本领域普通技术人员无需创造性劳动即可联想到的常用技术手段的简单替换，仍然侵犯竞争对手的专利权。

3. 专利对外许可中的问题

2015年8月29日，杭州骑客以深圳骑客的名义与车泰斗签订了《专利授权使用合同》，授权车泰斗使用杭州骑客享有的"电动平衡扭扭车"相关专利。合同签订后，车泰斗支付了相关专利授权费用。2015年9月20日，车泰斗法定代表人受邀参加杭州骑客组织召开的"华南片区骑客联盟会"及授权仪式。然而，在收取专利授权费、举行授权仪式后，杭州骑客却于2016年4月15日发布声明，声称"并未授予任何公司专利权"。随后杭州骑客以侵犯专利权为由向深圳海关申请扣留车泰斗的出口货物，并于2016年6月分别以侵害外观设计和实用新型为由对车泰斗提起两个侵权诉讼。为此，车泰斗不得不向海关支付高额的反担保金，聘请律师应对诉讼，大量货物的出口计划也被迫取消，遭受重大经济损失。[①]

随后，车泰斗将杭州骑客和深圳骑客同时告上法庭，车泰斗诉称，被告杭州骑客公司为被告深圳骑客公司的控股股东。两被告相互联合，先以专利授权的方式骗取原告"加盟费"，然后又出尔反尔声明不存在专利授权的情形并且申请海关查扣原告货物，构成对原告合法权益的侵犯，应承担相应的侵权责任。

①平衡车行业风波不断：车泰斗诉骑客侵权并涉嫌欺诈［EB/OL］.（2016-11-7）.
http://shenzhen.sina.com.cn/news/zh/2016-11-07/detail-ifxxnety7584901.shtml.

　　从该案的判决书中得知（判决原文参见本书的附件2），被告杭州骑客公司以原告车泰斗侵犯其专利权为由申请海关扣留原告依据涉案专利许可合同生产货物以及对原告提起侵权之诉，缺乏法律和合同依据。

　　案件的主要判决如下：

　　"本院认为，关于是否构成侵权问题。被告深圳骑客公司系杭州骑客公司的全资控股子公司，且被告杭州骑客公司也承认其认可被告深圳骑客公司与原告签订的《专利授权使用合同》，因此，原告与被告深圳骑客公司签订的《专利授权使用合同》合法有效。根据合同约定原告在许可期限内（2015年9月1日至2016年9月1日）有权使用涉案的ZL201420314351.5、ZL201423015165.3实用新型专利及ZL201430180556.4外观专利。两被告称已解除了上述合同专利转让合同，但并未提供证据证明其主张，应承担举证不能的不利后果。在许可期限内，且涉案专利许可合同未经确认解除的情况下，被告杭州骑客公司以原告侵权其专利权为由申请海关扣留原告依据涉案专利许可合同生产货物以及对原告提起侵权之诉，显然缺乏法律和合同依据，损害了原告的合法权益，并给原告造成一定的经济损失，因此，被告杭州骑客公司的行为构成了侵权行为，应承担相应的侵权责任。

　　关于损失范围。被告杭州骑客公司的侵权行为，导致原告向海关缴纳担保金的利息损失及支付有关参加诉讼费用，故被告杭州骑客公司应予以赔偿。关于利息损失，原告主张以884000元为基数，按中国人民银行同期贷款利率从2015年5月25日计算至2016年12月29日止，该项请求合理合法，本院予以支持。关于本案公证费3880元和电子证据固化服务费1000元，该两项费用为必要的诉讼支付费用且数额较为合理，本院予以支持。关于为应诉被告杭州骑客公司提出的专利侵权诉讼支付的律师费5000元，该费用的支出事由和金额合理，本院予以支持。关于原告为本案支付律师费100000元，结合原告主张损失总额，本院酌定支持原告律师费损失30000元。关于加盟费100000元，该费用属于双方在专利许可合同中约定标的，不属于因本案侵权行为所导致损失，因此，该项请求本院不予支持。关于名誉损失100000元，被告杭州骑客公司在授权许可原告使用其专利之后，又声明未授权他人使用其专利，并以专利侵权为由起诉原告，不仅给原告造成直接经济损失，也会影响原告商业信誉，因此，本院酌定被告应赔偿原告名誉损失50000元。"①

该案暴露出了骑客在对外进行专利许可过程中缺乏基本的整体设计和统一的出口。在授权许可车泰斗使用专利的情况下仍通过海关查扣其出口货物，造成专利被许可方较大的经济损失。这些专利许可中暴露的问题也影响了骑客在行业里的形象。

|人物访谈|

车泰斗在整个纠纷的过程中受到哪些影响？后续和骑客的合作中还有类似的问题吗？

这在当时给我们造成了很大的影响，因此也丢了一些客户，因为我们在得到授权之后是按照这个方向进行宣传和引导的，客人也慢慢通过我们的引导了解到行业的专利背景以及骑客公司的存在，后来海关查扣发生了以后，同行就借题发挥，导致我们在客户方面的信誉受到了一定的影响。

---

①深圳车泰斗科技有限公司与杭州骑客智能科技有限公司、深圳骑客智能科技有限公司侵权责任纠纷一审民事判决书（由于该案的一审判决书内容较多，将作为本书的附件放在最后面，有兴趣的读者可以自行翻阅）。发布日期：2017-11-16，来源：中国裁判文书网。

更可笑的是当时的深圳骑客公司跟我们签完合同盖了章以后，双方两份合同都让我们带了回来，我们保留了两份合同长达两个月之久，后来才有人来讨要。可见其在专利运营方面管理比较混乱。

——深圳车泰斗科技有限公司总经理张殿旋

通过专利许可获得许可费收入是专利价值实现的方式之一。专利的许可价值源自其技术上的先进性和不可替代性，还可以通过专利许可的行为撬动行业上下游甚至是同行加入自己的阵营，扩大专利技术的"市场份额"。但是如果许可策略不合理、维权手段不合法的专利许可行为会适得其反。

| 人物访谈 |

骑客的许可策略有哪些问题？

自2015年平衡车产业爆发式增长后，骑客依据其拥有的核心专利价值，开始通过委外授权运营方式对外进行专利授权许可，但由于公司对其专利价值缺乏合理评估，导致其前期在授权许可策略上产生较多失误，同时产生了一系列的知识产权纠纷，在行业产生一定的影响。

骑客近一两年面向全球各国采取以"卖专利地图"的形式对外许可其专利，将不同国家的平衡车专利许可权分别卖给单独的专利运营商或是这些国家的贸易商。如此做法虽在短期内能方便骑客开展全球专利运营管理，并在短期内能够带来一定收益，但在另一层面也为平衡车产业的发展带来潜在的负面影响。以某个国家为例，骑客把其在该国的专利许可给一家贸易商，由于平衡车专利许可情况，在该国的其他贸易商怕冒法律风险，就会转而寻找其他产品做贸易，如此势必导致该国的平衡车销售商减少，进而导致该国的平衡车市场的萎缩。如此恶性循环，将最终导致平衡车全球市场越来越小。由于专利的价值在于市场，市场越大，专利价值越大，如果没有市场，专利就如同于废纸。骑客近年的专利运营策略有点过于急功近利，杀鸡取卵。

——广东电动车商会秘书长黄建军

知识链接

制定专利许可策略需要注意哪些方面？

（1）在制定许可合同时，应当明确许可类型，例如独占许可、排他许可、普通许可、二次授权许可等；被许可人的区域或领域的使用限制及扩展能力范围；许可是否可转让给新的所有者；授予子许可的能力；对许可技术进行修改和对其进行二次开发的权属的约定；许可权利的持续时间等。[①]

（2）专利许可策略应当合法合规。不能搭售被许可人实施专利不必需的设备、原材料等，或者限制被许可人的一些商业和市场行为。

（3）应避免不按许可合同约定进行收费或者其他歧视性差别收费等许可滥用行为。

（4）如果专利权人致力于长期的专利许可业务，就需要制定一个合理的专利许可费定价方案，尤其是应当根据被许可人的实际生产和营收情况，而不应一概而论。

---

① http://www.yidianzixun.com/article/0L6t4v52.

三、纳恩博公司快速发展中的专利问题

1.企业基本情况

纳恩博（Ninebot）成立于2012年，总部位于中国北京，在全球拥有亚太、欧洲、美洲三大业务区域，在北京、常州、天津、深圳，甚至西雅图、贝德福德、阿姆斯特丹、首尔、慕尼黑等都设有子公司，产品遍布全球100多个国家/地区。

2014年10月，纳恩博获得小米、红杉、华山、顺为等资本共同注资8000余万美元；2015年3月，并购美国Segway形成新的全球企业；同年，完成来自Intel和新加坡主权基金6000万美元的B轮融资；2017年10月，完成来自国投创新投资管理有限公司旗下管理的基金及中国移动创新产业基金的1亿美元C轮融资。[①]

纳恩博的平衡车产品主要有Ninebot One C/C+/E/E+/P，九号平衡车，Ninebot miniPRO、Ninebot One A1、Ninebot One S2、Ninebot One Z等（见图2.9）。

Ninebot One A1　　　　Ninebot One E　　　　九号平衡车

图 2.9　纳恩博的平衡车产品

---

① https://www.ninebot.cn/About-about.html.

2.遭遇美国"337调查"

平衡车属于人工智能产品,属于专利密集型行业。2012年成立的纳恩博,从其专利申请的趋势来看,在创立初期虽然比较重视技术研发和产品销量,但知识产权意识稍显不足,2012年和2013年专利申请数不足10件,这必将会面临诸多的专利侵权风险。

果不其然,2014年,美国Segway公司和DEKA公司对包括数家中国企业在内的13家平衡车企业,向美国国际贸易委员会(ITC)申请启动"337调查",并申请了普遍排除令。随后,ITC作出裁决,决定启动"337调查"。面对突如其来的"337调查",纳恩博年轻的团队当时有些措手不及,但也正是这次纷争让纳恩博意识到知识产权的重要性。当时,面对Segway公司的起诉,国内企业有两条路:应诉;或签署终止令放弃美国市场,而纳恩博选择了前者。同时,纳恩博也积极与Segway公司进行沟通,寻求通过交叉许可的方式达成战略合作。但在沟通过程中,纳恩博发现可以通过收购的方式解决这次纷争。

　　2012年成立的纳恩博,在创立初期比较重视技术研发和产品销量,但知识产权意识稍显不足。但经历"337调查事件"之后,尊重知识产权已在纳恩博内部达成共识,重视知识产权是企业发展的必要条件之一。[①]

——时任纳恩博法务总监范溯

经过这次"337调查事件",纳恩博设立了独立的知识产权部门,专门从事专利申请、专利布局、知识产权制度建设等方面的工

---

① http://www.runping.com/201702/1941.html.

作。定期举行专利挖掘会议，并加强与技术专家的沟通，以确定真正具有保护价值的技术创新点。知识产权部门还会联合专业机构对专利质量、技术重要程度、产品上市时间、国际专利申请途径等因素进行综合考量，以制定最符合自身发展的专利布局策略。面对国内外市场上层出不穷的"山寨"产品，纳恩博还建立了一套完备的维权制度，一旦发现侵权问题就会通过行政和司法手段，重拳打击侵权行为。此外，为了促进技术创新，纳恩博还设立了专门的发明人奖励办法，对提交专利申请后是否获得授权、在哪些国家/地区获得授权等按不同等级设立相应额度的奖励资金。[1]

3.海外艰难并购

纳恩博和Segway进行了多次艰难的谈判，最终通过引入民间资本力量，艰难并购了Segway。

Segway时至今日仍有众多情有独钟的拥趸者，美国著名风险投资基金KPCB也重仓持有。在发展之初，Segway已受到世界各大知名媒体和社会名流的追捧，此后更是成为资本界的明星宠儿，前后融资超过4亿美元。也正是其稳定的盈利及庞大的销售规模，让这次纳恩博收购Segway的过程充满艰辛。

2014年2月，纳恩博正式向Segway发起进攻。在深入了解Segway各方面业务后，2014年10月，纳恩博向Segway发出了非正式的收购要约。由于并购Segway所需的资金量较大，经过反复磋商，纳恩博决定以"股权融资+银行贷款"的组合方式完成这

---

[1] http://www.iprchn.com/Index_NewsContent.aspx?newsId=97808（中国知识产权资讯网）.

笔交易。

在发出并购意向书（LOI）之前，纳恩博寻求国内顶尖投资人红杉资本、顺为资本、华山资本获得融资，投资方介入直接过问整个进程，并协助推进谈判。整个谈判过程艰辛、辗转，历时一年才终于尘埃落定。

> 纳恩博收购Segway的海外并购历经一年之久，谈判过程艰辛，过程隐秘而波折。[1]
>
> ——华山资本创始合伙人及董事总经理杨镭

2015年4月20日，国内短途交通企业纳恩博宣布完成对全球平衡车开创者Segway的全资收购（新闻发布会现场照片见图2.10）。在收购Segway后，纳恩博获得的不仅有Segway三大产品系列近10款产品的所有权，还包括平衡车行业核心专利400多项、工厂、员工（包括研发技术人才）以及Segway的全球经销商网络和供应商体系。作为一家创立3年时间的成长型中国企业，纳恩博成功收购了拥有15年历史的全球行业开创品牌，创造了智能短途交通领域首次跨国收购案例的产生，实现了对外国企业的全股权、全品牌、全体系的百分百收购，纳恩博收购Segway事件将对智能短途交通和移动机器人行业产生了革命性的影响。[2]

Segway自有专利近40项，加上公司创始人Dean Kamen独家授权的国际专利超过400余项，在机器人底盘、坡道平衡技术等方面拥

---

[1] http://blog.sina.com.cn/s/blog_d176f1c20102vujz.html.

[2] http://www.ninebot.cn/News-newsdetail-id-51.html.

有核心技术。这些发明专利大多涉及平衡车底层技术，对于Segway维持在美国市场的霸主地位居功至伟。另外，Segway也申请了多项PCT专利，并在多个国家/地区获得授权。相比之下，当时纳恩博拥有的专利只有20多项，且主要在国内布局。众所周知，在海外布局专利是进入海外市场的必要条件，纳恩博虽然已在60多个国家销售，但始终无法进入美国市场，专利壁垒是决定性因素，收购Segway无疑是取得专利保护伞最直接的方式。通过此次收购纳恩博拥有了两轮带杆平衡车行业最为全面的产品线，同时拥有行业最多的专利。

图2.10　纳恩博收购Segway的新闻发布会

对于一个企业来说，海外收购专利可以减小研发成本、弥补技术短板、保证产品安全进行海外上市，是进行海外市场拓展的一条捷径。但是专利收购费用数额较大，而专利是一种无形资产，其权属、有效性和价值等情况均需要深入调查才能确定。

纳恩博这么稳准狠的专利并购行为，说明它事先一定针对并购对象Segway进行了较为全面和完备的知识产权尽职调查。

┆人物访谈┆

在并购Segway的时候，纳恩博都做了哪些尽职调查？

在并购Segway的时候，我们对它的这些专利的资产以及整体的运营情况都要进行全面的排查和尽调，包括哪些资产是有价值的，哪些方面可能存在风险，甚至包括美国当地对于我们收购Segway的态度……

——纳恩博知识产权部总监张飞弦

知识链接

在海外并购中应进行哪些专利尽职调查？

（1）专利匹配度调查。核实所要并购的专利技术是否与企业真正需求的技术相匹配。对于处于被诉侵权的企业收购侵权发起方的专利并购，属于防御性收购，技术匹配度一般较高。但如果企业是为了增强自身技术弱项而主动发起的专利并购，则应选择与自身互补性强、支撑性高的专利，如是进一步增强某一技术优势主动发起的专利收购，则应选择能与自身相互"嫁接"的关联性较高的专利。

（2）专利权属调查。

①特殊的专利法律制度。详细调查目标公司是否知识产权权利所有者。美国专利法中未规定职务发明制度，而是采用"发明人"制度来确认专利申请人资格，即提交专利申请的人必须是发明人本人。由雇员发明人申请专利权，专利权取得以后，再签署转让合同，将其权利转让于雇主。

②是否属于共同开发的成果。如果目标公司所使用的专利技术是由委托开发方在帮助目标企业设计和研发产品过程中做出的，在确定

该专利的权属时，应仔细审查相关的独立合同（如委托开发合同、合作开发合同）对研发过程中的专利权属的规定。

③目标公司的专利是否存在权限限制。首先，对外许可导致的权限限制，由于缺乏有效的登记公示制度，并购方很难清楚地掌握目标公司的专利是否存在许可情形，也不可能知道许可的限制条款，而许可限制恰好是收购中最普遍的权利限制，也是最典型的知识产权风险，需要在知识产权尽职调查中予以重视；其次，专利抵押权导致的权限限制，随着知识产权作为资产负债表资产的日益突出，贷款机构通常会将知识产权作为担保债务融资中的抵押品；再者，是否存在政府资助导致的权限限制，目前有不少专利技术在其发明创造过程中往往有很深的政府资助背景，在接受资助时往往需要同意具体的国家安全控制，这些专利的对外许可和转让就会受到技术资助开发协议限制和国家相关部门的审查，因此在尽职调查时要特别注意。[1]

（3）专利稳定性调查。核实专利在获权过程中的整个审查过程文件，是否正在或曾经处于无效宣告程序及其结果。专利稳定性对于并购后能否行使权利至关重要。

（4）专利的地域性与剩余有效期审查。专利的地域性是指依据某一国家/地区的法律产生的专利仅仅在其本国/地域范围内有效，没有域外效力。专利权仅在法律规定的期限内得到保护，逾期失效。专利的有效期限是法定的，而各国法律对专利权的保护期限不尽相同。

（5）实施专利的侵权风险的调查。核实专利在实施过程中是否具有侵犯他人专利权的风险。拥有专利权并不代表不会侵犯他人专利权，实施在他人基础专利上进行改进的包括基础专利全部技术特征的

---

[1] https://www.sohu.com/a/289578511_100119540.

从属专利，具有侵犯他人专利权的风险。

（6）专利关联性及知识产权的完整性审查。有时，基础专利的实施和产业化，也会使用到在后的改进型专利，那么在并购基础专利的时候还要考虑改进型专利的存在。有时在并购专利的过程中，还需要考虑配套商标权、技术秘密（know-how）、专有技术，甚至还要考虑配套生产装备和技术人员的情况。

此外，必要的时候还需要进行专利（组合）的价值评估，评估其在未来的收益或带给企业的各方面价值是否与付出的费用相符。

对于企业来说，被诉侵权是产品在海外上市的风险之一，企业要想进入海外市场，尤其是知识产权保护力度较强的国家/地区，必须首先在专利上扫除壁垒。企业如何规避与应对海外专利风险？企业在发现存在侵权风险时，可主动请求宣告风险专利的专利权无效。通过专利权无效可以使竞争对手失去起诉自身侵权的权利基础，也可以通过无效迫使竞争对手达成和解。

中国平衡车企业在海外市场销售产品，也必然面临专利问题。如果自身专利储备不足，又不想撤出海外市场，除了无效对方专利之外，解决的方法不外乎如下三种：第一，通过专利转让或企业并购的形式直接获得专利权；第二，进行专利许可谈判获得专利许可；第三，进行规避设计。[①]

通过专利转让或企业并购的形式直接获得专利权是最直接的形式，但是往往专利权人不会选择这么做。Segway之所以被并购问题出在市场响应速度上。过大的轮径、笨重的车体、版本多年无更新、

①马天旗. 专利布局 [M]. 北京：知识产权出版社，2016:40-41.

高昂的售价，让它很长时间以来只能是有钱人的玩具，再加上公司经营上的各种问题，使得纳恩博在并购Segway时占尽了"天时"。

如果并购不成，获得专利许可使用权也是不错的选择，但有时候许可费过高，会导致被许可企业的利润很薄，成为专利权人的"血汗工厂"。

如果上面两条路都走不通，就只能对产品进行规避设计，走不同的技术路线。但这往往需要较大的研发投入和较长的研发周期，需要雄厚的资本和研发团队作为支撑。下面要介绍的这一家企业走的就是这一条路。

四、新世纪公司快速发展中的专利问题

1.公司基本情况

上海新世纪机器人有限公司2010年在上海浦东成立，注册资本为5000万元人民币。公司主要致力于新能源机器人代步工具的研发、生产和销售，这是一家研发驱动型的公司。

新世纪公司生产的平衡车主要有两种系列，第一种是"i-ROBOT"民用系列，主要型号有：LA-S、LA-H、LA-G、SC-H、SC-G、SC-Z、BO、BO-ATV、BO-GF、BO-S等；第二种是"T-ROBOT"军用系列（见图2.11）。

上海新世纪机器人有限公司2002年开始研发平衡车，Segway正是在这一年实现量产的。一开始，该公司无法向市场投放产品，因为无法绕开Segway的专利技术。

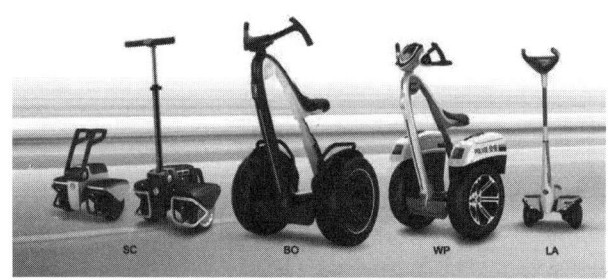

图 2.11　新世纪机器人的平衡车产品

2. 不得不进行专利规避设计

Segway的核心专利"摇摆控制杆技术"，操纵杆和车体是一体化结构，操控者身体姿态微微变化，传导到操纵杆以后，车体会迅速做出反应。为了绕过这项专利，新世纪机器人采用了完全不同的技术路线：旋转把控制技术（参见该公司的产品）。你可以将其简单理解为一种类似方向盘的设计，操控者身体发生变化，先由"旋转把手"转化为指令，传导到控制电机，然后驱动下面的车体做出反应。分别试骑一下Segway和新世纪机器人的产品，你会发现由于操控方式不同，形成的肌肉记忆也略有不同。此外，在车体外形和控制系统方面，Segway也有专利壁垒。

为绕过这些壁垒，新世纪机器人相当于再造了一辆平衡车，潜心研究多年。到了2012年，新世纪机器人终于在国内外申请了"自平衡两轮车转向装置""复位机构及其自平衡电动两轮机器人转向装置""用于轻便车辆的转向装置"等发明专利，才将成熟的平衡车产品投向市场（见表2.1）。新世纪机器人的大股东为A股上市公司GQY视讯，没有上市公司大股东的支持，如此规模与时长的研发活动是不可能实现的。[①]

---

① 刘铮铮. 核心专利才是平衡车的王道［J］. 中国外资，2015（09）.

表 2.1　新世纪机器人公司对 Segway "摇摆控制杆专利技术" 的规避设计

发明名称：交通工具和方法	
Segway的"摇摆控制杆技术"	新世纪机器人的规避设计
  代表性专利： US6789640B1 US7275607B2 US8830048B2	 CN102849156B 自平衡两轮车转向装置 CN102826113B 复位机构及其自平衡 电动两轮机器人转向装置 CN102795290B 用于轻便车辆的转向装置

如何进行专利规避设计?

规避设计（design around），又称"回避设计"，是指企业对涉及风险专利的产品或产品中的某些特征重新进行研发、设计，使其产品具有差异化的特征，能够区别于风险专利的技术方案，从而消除风险专利的威胁。

成功的规避设计要同时满足技术、法律和商业这三个方面的要求。"技术上能够实现"是最基础、也是最低程度的要求。此外，规避设计一方面要达到"避免侵权风险"这一基本目标，另一方面也不能单纯为了规避法律风险而忽略产品本身的市场竞争力。就法律层面而言，专利规避设计的直接和根本目标是绕开现有专利的保护范围，在专利检索的基础上，对同领域现有专利的保护范围进行解读，避免研发产品落入已有专利的保护范围。此外，专利规避设计不仅要避免相同侵权，也要避免等同侵权（见表2.2）。换言之，规避设计成果必须具备足够的差异性，差异程度较小的规避产品仍然存在等同侵权的风险。[1]

表2.2 专利侵权判定原则

专利方案 技术构成	被控侵权物 技术构成	特征描述	全面覆盖原则	等同原则	侵权判定
A+B+C	A+B+C	技术特征完全相同	适用	不适用	是
A+B+C	A+B+C+D	增加一项或多项技术特征	适用	不适用	是
A+B+C	A+B+C	存在非实质性区别	不适用	适用	是
A+B+C	A+B 或 B+C 或 A+C	缺少任一项技术特征	不适用	不适用	否
A+B+C	A+B+E	存在实质性区别	不适用	不适用	否
A+B+C	D+E+F	技术特征完全不同	不适用	不适用	否

[1]马天旗. 专利挖掘 [M]. 北京：知识产权出版社，2016:126-152.

　　就商业层面而言，通过规避设计得到的新产品，例如在原材料、机械结构、功能、外观等方面具有明显区别，这种区别可能优于现有产品（例如，更人性化的外观设计），也可能劣于现有产品（例如，减少某一组件从而缺乏相应的功能，其面对的可能是不同功能需求的细分市场）。但是，规避设计作为企业研发手段之一，其经济目标仍然是保障和加强产品的市场竞争力，需要综合考虑法律、技术、成本、市场等因素，寻求性能与成本的平衡，追求经济效益最大化。

五、乐行天下公司快速发展中的知识产权问题

1.公司基本情况

　　乐行成立于2012年12月，诞生在中国的智能制造中心深圳，基于技术专利能力及研发基础，主营平衡车和机器人业务，也是中国平衡车市场最早的开拓者之一。乐行的产品，主要集中在中高端独轮平衡车领域。2014年10月发布V系列独轮车，2015年5月发布滑板车L6，并荣获2015年消费电子行业十大优秀产品奖。乐行天下的产品还获得2015年中国红星设计奖和最高人气奖、世界绿色设计产品奖银奖等。①

　　乐行公司官网显示，2013年8月，乐行公司完成天使轮融资2000万元人民币，并发布智能平衡车R1；2014年4月，乐行公司完成A轮融资3500万元人民币；2014年10月，乐行完成B轮融资1亿元人民币，发布首款独轮车；2014年12月，全球销售额达3.5亿元人民币，每月保持20％以上的增长，体验店突破300家，热销60个国家/地区；

---

① https://www.imscv.com/about#company.

2015年3月，周伟入选"福布斯中国30位30岁以下精英榜单"（简称30U30），成为当期封面人物。据了解，在2014年，乐行公司曾拒绝了小米的投资。

乐行也于2017年开始布局海外市场，同年，乐行宣布收购独轮平衡车领域最早的玩家——美国自平衡电动独轮车索罗威尔（Solowheel）。该收购帮助乐行获得了Solowheel核心专利在中国的代理权，也可看作其拓展海外市场的开始。

然而，自2016年2月，乐行天下就开始深陷"侵犯他人商业秘密"案的泥潭。

2. 受困"侵犯他人商业秘密"案

案件历程大致如下：

2013年3月，控告人东莞易步机器人有限公司以"商业秘密侵权"为由向东莞警方报案；

2016年2月，东莞警方以"侵犯商业秘密"为由对乐行及其几位创始人进行刑事立案；

2018年5月29日，乐行公司创始人被列为网上追逃对象；

2018年9月，公司两位联合创始人郭盖华及闫学海被东莞警方带走；

2019年1月，乐行创始人周伟被东莞警方带走；

……

案件始末大致如下：

周伟于2008年参与创立武汉若比特机器人公司，而若比特公司在2010年以合资方身份参与创办东莞易步机器人公司。

精密模具厂的吴细龙提出：其一，投资500万在新公司控股

60%；其二，新公司设在东莞，由吴细龙担任董事长。

2010年双方基于签署的《合作备忘录》正式成立"东莞易步有限公司"。

该《备忘录》约定的股权结构是：吴细龙的精密模具厂以500万元资金入股，认缴比例60%；武汉若比特以技术和前期投入入股，认缴比例40%。

不过，在公司注册前夕，吴细龙以资金周转出问题为由，引入了第三方投资人吴东华。此时，合资公司的出资方式基于上述《备忘录》进行了变更：

新投资人吴东华一次性出资125万元，占公司注册资本的25%；吴细龙承诺三个月内认缴出资145万元，占比29%；武汉若比特公司出资180万元，占比36%；工研院出资50万元，占比10%。

同时，新公司的《公司章程》约定三个月内出资完成（即2010年12月）。

但据周伟称"东莞易步在2011年生产进入正轨后，吴细龙依然没有补足投资"。若比特公司认为其股东利益被严重侵犯，曾将吴细龙诉诸法庭，并于2018年4月获得胜诉。

在调查期间，东莞公安局曾先后委托两家鉴定机构就争议双方的源代码是否构成实质性相同做鉴定，两份结果都无法做出实质性同一或相同的结论，仅仅是给出"部分函数代码相同或实质相似"的意见。

为了证明鉴定机构所出示的鉴定意见不具备参考性，乐行又多方委托第三方对乐行与易步的源代码进行再鉴定，鉴定结果均显示双方代码不存在相同关系。

2017年4月6日，工信部下属司法鉴定中心的鉴定意见显示：双方相应该软件源代码不具有同一性；2017年2月7日，北京国威知识产权司法鉴定中心的结果显示：没有证据证明两份源代码有本质的相同，一致认为两组源代码不存在相同或者等同的关系。①

2019年5月29日，乐行"商业秘密侵权"一案审理完结，东莞市检察院对乐行出具了《不起诉决定书》，乐行天下创始人周伟、两位联合创始人郭盖华和闫学凯被无罪释放。

《不起诉决定书》原文称：

经查，2012年10月，周伟、郭盖华和闫学凯擅自从易步离职，未经许可将易步公司二轮平衡车源程序带走并使用于其三人及其他股东成立的深圳哈维科技有限公司（后变更名称为深圳乐行天下科技有限公司），造成东莞易步机器人有限公司重大损失。

本院经审查并退回补充侦查，仍然认为东莞市公安局认定周伟构成侵犯商业秘密罪的证据不足，不符合起诉条件。依照《中华人民共和国刑事诉讼法》第一百七十五条第四款的规定，决定对周伟不起诉。

成立于2012年的深圳市乐行天下科技有限公司，成为专注于平衡车和机器人领域的佼佼者。特别是2017年乐行天下成功并购Solowheel后，更是确立了其行业主导者之一的地位，却因为这次不期而遇的"商业秘密"案，在快速发展中被突然按下了"暂停键"。在长达两年的时间里，乐行天下先后遭遇到公司资产账户冻结和创始人被刑拘等一系列"锁喉杀"，企业几乎到了破产的境地。②

---

① http://www.sohu.com/a/312906545_505837.

② http://news.qichacha.com/postnews_7554c8120c1504c39a6267284c58e1b5.html.

经此诉讼，乐行天下元气大伤。同为平衡车市场最早的开拓者，乐行天下与易步的相杀，不仅导致了两家公司的生产和经营困境，也导致了这两家企业错过了平衡车快速发展的"班车"。

知识链接

1.什么是商业秘密？

依据我国《反不正当竞争法》的规定，商业秘密是指不为公众所知悉，具有商业价值并经权利人采取相应保密措施的技术信息、经营信息等商业信息。[①] 技术信息和经营信息，包括设计、程序、产品配方、制作工艺、制作方法、管理诀窍、客户名单、货源情报、产销策略、招投标中的标底及标书内容等信息。

2.商业秘密的构成要素是什么？

商业秘密的构成要件有四个，即秘密性、价值性、实用性和保密性。秘密性是指不为公众所知悉，即该信息是不能从公开渠道直接获取的。价值性是指能为权利人带来经济利益。实用性是指该信息具有确定的可应用性，能为权利人带来现实的或者潜在的经济利益或者竞争优势。保密性是指权利人采取了保密措施，包括订立保密协议、建立保密制度及采取其他合理的保密措施。

3.怎样构成侵犯商业秘密罪？

简单来说，侵犯商业秘密罪，是指以盗窃、利诱、胁迫、披露、擅自使用等不正当手段，侵犯商业秘密，给商业秘密的权利人造成重大损失的行为。首先，行为对象为商业秘密。其次，实施了侵犯商业

①《反不正当竞争法》第九条。

秘密的行为。最后，给权利人造成了重大损失。这里的重大损失，是指经济方面的重大损失，包括减少盈利、增加亏损、引起破产、在竞争中处于不利地位等。

侵犯商业秘密的行为表现为以下几种情况：

（1）以盗窃、利诱、胁迫或者其他不正当手段获取权利人的商业秘密。

（2）披露、使用或者允许他人使用以前项手段获取的权利人的商业秘密。

（3）与权利人有业务关系的单位和个人违反合同约定或者违反权利人保守商业秘密的要求，披露、使用或者允许他人使用其所掌握的权利人的商业秘密。

（4）权利人的职工违反合同约定或者违反权利人保守商业秘密的要求，披露、使用或者允许他人使用其所掌握的权利人的商业秘密。

第三人明知或者应知前款所列违法行为，获取、使用或者披露他人的商业秘密，视为侵犯商业秘密。[①]

据悉，周伟等人在研发及代码、专利等方面和易步进行了切割，要求公司每个人的电脑上都不要出现竞争对手的代码。这种做法对于化解侵犯商业秘密的风险起到了至关重要的作用。

4.什么是竞业禁止？与竞业限制有何区别？

《公司法》规定，董事、监事、高级管理人员不得有下列行为：未经股东会或者股东大会同意，利用职务便利为自己或者他人谋取属于公司的商业机会，自营或者为他人经营与所任职公司同类的业务。

《中华人民共和国劳动合同法》第二十四条规定："竞业限制的

---

①国家工商行政管理局《关于禁止侵犯商业秘密行为的若干规定》。

人员限于用人单位的高级管理人员、高级技术人员和其他负有保密义务的人员。竞业限制的范围、地域、期限由用人单位与劳动者约定，竞业限制的约定不得违反法律、法规的规定。在解除或者终止劳动合同后，前款规定的人员到与本单位生产或者经营同类产品、从事同类业务的有竞争关系的其他用人单位，或者自己开业生产或者经营同类产品、从事同类业务的竞业限制期限，不得超过二年。"

竞业限制与竞业禁止的区别：竞业禁止是法定义务，不能约定解除；而竞业限制是约定义务。竞业禁止针对的是公司董事、高级管理人员；而竞业限制针对的是负有保密义务的劳动者，可以包括董事、高级管理人员。竞业禁止针对的是在职人员；而竞业限制针对的是离职人员。

因此，公司高管负有法定竞业禁止义务，无须公司与其另行签订书面协议。但公司起诉时高管已经离职的，在双方未签订竞业限制协议的情况下，公司无权干涉高管离职后的竞业行为，公司要求高管停止开展同类业务的，法院不予支持。

对于周伟团队，如果不能证明其与易步签订了竞业限制协议，就无法以此原因对周伟团队进行不正当竞争的起诉。

5.专利技术作价入股有何相关规定？占股比例有何限制？

《公司法》第二十七条规定："股东可以用货币出资，也可以用实物、知识产权、土地使用权等可以用货币估价并可以依法转让的非货币财产作价出资；但是，法律、行政法规规定不得作为出资的财产除外。"

我国原有的《公司法》规定无形资产的出资金额不能超过注册资本的20%，但被认定为高新技术企业的，对无形资产的比例可提高到35%。所以过去以无形资产出资的很难成为控股股东。但新《公司法》规定"全体股东的货币出资金额不得低于有限责任公司注册资本的30%",也就是说知识产权的出资比例最高可达到70%,可成为绝对的控股股东。

周伟团队在加入易步时以技术和前期投入入股,只占注册总资本的36%,在公司经营上没有绝对的话语权。在后面成立的乐行天下的股权结构设计上,周伟团队也"吸取了上次创业的教训",尽管经过了多轮融资,以周伟为代表的整个技术团队仍占据了近60%的股份,实现了技术团队控股的目标。

结 语

　　本篇总结了扭扭车市场爆发的原因，梳理了中国平衡车行业具有代表性的企业在此期间面临的专利被侵权、专利许可策略不完善、专利规避设计、遭遇海外诉讼、海外并购、商业秘密侵权等诸多知识产权问题。这些问题也是很多新创企业在快速发展中经常遇到和容易忽视的。

　　在与故事的主角们谈论当时的这些问题或事件时，事情如昨，神情如昨，他们有的激愤、有的欣然，有的怅然若失、有的懊悔不已，可见这些事情对这些企业影响至深至远。如若能够重来一次，是否会有更好的结局呢？

第三篇

极度困顿

欲渡黄河冰塞川，将登太行雪满山。

——李白

　　"快乐永远是短暂的，换来的只是无穷无尽的痛苦和长叹！"中国平衡车行业的"野蛮生长"为该行业的未来发展埋下了不少"祸根"。一方面，这个行业的低价恶性竞争使得出口的平衡车质量严重下降，导致了国外多起爆炸、起火等安全事件，使得国外不得不通过升级平衡车安全标准、电商平台下架中国平衡车企业销售链接等手段倒逼我国提高出口平衡车的质量门槛；另一方面，我国企业对专利保护、布局意识的缺失，使得国外平衡车企业能够轻而易举地举起专利诉讼、美国337调查等贸易壁垒的大棒，多数中国平衡车企业被这些"大棒"吓得退避三舍。在跨境电商平台下架、技术标准壁垒、美国337调查"三座大山"的压迫下，中国平衡车行业受到了严重的冲击。如何从专利等知识产权的角度居安思危、未雨绸缪地考虑问题，是我国很多企业需要审视和重视的。

一、遭遇跨境电商平台下架

中国平衡车行业的疯狂没有持续多久，就迎来了行业的一次巨震。

2015年12月12日，亚马逊强制下架所有销售扭扭车的中国卖家物品链接，并强制冻结账户资金；亚马逊还发邮件给所有已购买该商品但还未收货的买家，提醒他们可以退货；对于已收到商品的顾客，亚马逊甚至建议丢掉货物。

1.亚马逊下架平衡车主因

亚马逊当天还向卖家发送邮件，表示如想继续销售，必须满足两个条件：一是需提供产品电池和充电方面的安全证书；二是需提供相关证据和律师联系方式证明产品不侵权（2015年12月12日，美国亚马逊接到美国锐哲公司律师的专利投诉，要求将所有的平衡车产品链接全部删除，并冻结卖家账户三个月）。

邮件的内容如下：

We are contacting you because you list "hoverboards" (battery powered, self-balancing scooters) on Amazon.com. Amazon approval is now required to sell these products.

What do I need to do?

Your hoverboard listings have been removed. If you would like to resume selling hoverboards on Amazon.com, please do the following:

1.   Provide documentation demonstrating that all hoverboards you list are compliant with applicable safety standards, including UN 38.3 (battery), UL 1642 (battery), and UL 60950-1 (charger).
2.   Provide written confirmation that you will indemnify and defend Amazon against any claims of patent infringement, and the contact information of the lawyer that will defend you against any related claims. It has come to our attention that these products are the subject of potential patent litigation by Razor USA LLC in connection with U.S. Patent No. 8,738,278. The terms of your seller agreement require you to indemnify Amazon for any patent infringement claims involving your listings.

All information should be sent to hoverboard-listing@amazon.com. Please include your seller name, your seller ID number, and a list of ASINs you would like to offer. The safety information you provide should clearly relate to the ASINs you would like to offer.

You will not be permitted to sell hoverboards on Amazon.com unless you provide this information.

Where can I get more information?

For more information about Razor's patent claim, please contact Razor's counsel:

Mr. John Cochrane
Razor USA LLC
General Counsel, Razor USA LLC
jcochrane@razorusa.com
562-345-6063

其中涉及专利侵权的第二款翻译成中文如下：

"2.提供证据证明你的销售产品不属于侵权产品，还须提供相关的为你产品和公司辩护的律师联系方式。因为我们收到来自该产品的专利持有者美国锐哲公司（Razor USA LLC）的告知，该专利号为No.8,738,278。"

有业内人士表示，平衡车遭遇亚马逊下架主要是因为专利原因。但平衡车的安全问题也起到了推波助澜的作用。CNN于2015年12月10日报道公布了平衡车在华盛顿州奥本市的一家购物中心起火的视频，还有相关报道称全美10个州已经至少发生了11起由平衡车引发的火灾。[1]

---

[1] https://www.cnn.com/videos/us/2015/12/10/hoverboard-fire-newday-vo.cnn.

CNN于2015年12月11日报道，达美航空（DAL）、美联航（UAL）和美国航空（AAL）宣布，明令禁止乘客带平衡车上飞机。[①] 此外，美国消费品安全委员会（CPSC）发布声明，将优先发起对平衡车产品的安全调查。

据外媒Winfuture新闻报道，英国当局于2015年10月在口岸开展进口平衡车质量检测，其结果让人诧异。1.7万台产品中有1.5万台左右由于安全问题被查扣，检查人员发现问题集中在插头、线缆、充电器、电池和开关。调查称不合格率高达88%，而其中大多数货物来自中国。[②]

2.巨大的行业影响

亚马逊的平衡车下架事件几乎给中国平衡车行业带来了灭顶之灾。据《北京商报》数据称，截至2015年10月，国内平衡车出口超1000万台，仅盐田海关日均出口4万台，增幅超200%。火热销售让众多中国卖家积极囤货"押宝"欧美圣诞节。平衡车被亚马逊下架后，美国有来自中国的近100万台平衡车库存无法正常销售，价值4亿美元（约25.91亿元人民币），冻结资金可能超2亿美元（约合12.96亿元人民币）；相关外贸公司无法正常运作，损失达5亿元人民币，600家平衡车企业面临停产和倒闭，直接影响从业者超10万人。[③]

雪上加霜的是，亚马逊还在英国下架了所有平衡车产品。此外，这场风波亦在英国其他主流销售渠道发酵。据《英国每日快报》消

---

① https://money.cnn.com/2015/12/10/news/companies/overstock-hover-boards/index.html.

② http://roll.sohu.com/20160214/n437348677.shtml.

③ http://m.sohu.com/a/51032645_119709.

息，英国Tesco、John Lewis和Argos等互联网电商均已停止销售相关产品。

据调查统计，广东地区30多家平衡车企业从2015年9月到2016年12月期间每月的销售数据如图3.1所示。

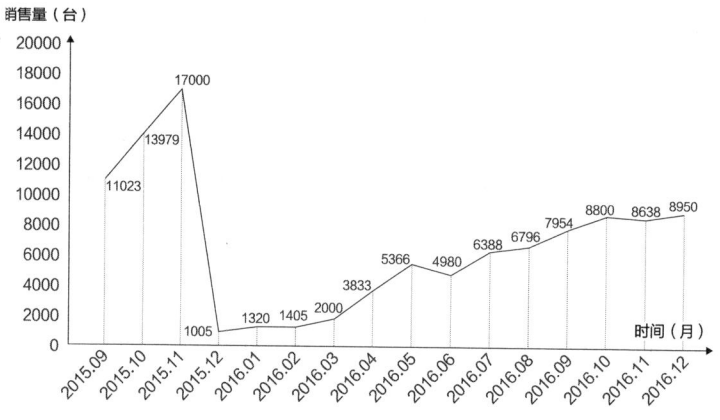

图 3.1　广东地区 30 多家平衡车企业的销售数据[①]

从图3.1中可清晰地看见电动平衡车销售量的发展趋势：2015年9月至11月，电动平衡车产业呈现快速增长态势；2015年11月是电动平衡车销售量的最高峰，达到17000台，但在12月份瞬间跌至谷底，仅1005台。2015年12月恰值美国亚马逊下架事件发生，可见该事件是电动平衡车市场从爆发式发展到"断崖式"下降的分界线。

| 人物访谈 |

亚马逊平衡车下架事件给中国平衡车行业带来的最直接影响是什么？

为了即将到来的圣诞和新年，很多平衡车企业囤积了大批货

①《2016年中国电动平衡车产业分析报告》，中国机电产品进出口商会平衡车分会，未公开。

物，亚马逊下架后无法正常销售，再加上亚马逊强制冻结账户资金，最直接的影响是很多平衡车企业的资金链出现断裂，出现了大量倒闭和破产的平衡车企业。据统计，在平衡车下架的两个月内，单单在深圳就有超过600家企业倒闭。

——中国机电产品进出口商会平衡车分会副秘书长章杏娟

对于中国大多数平衡车企业而言，"其兴也勃焉，其亡也忽焉！"令人唏嘘不已。

3.跨境电商平台缘何如此重视知识产权

跨境电商降低了出口贸易的门槛和成本，为中国企业家创造了新机遇。随着跨境电商出口产业在全球贸易中的比重增加，各国及各大电商平台之间的竞争也愈发激烈，知识产权保护成了备受关注的问题。

对于像亚马逊、eBay、Wish这类的国外电商平台而言，最重要的是良好的用户购买体验。如果用户经常在某电商平台买到"假货"，那么久而久之，该平台将会因失去客户而倒闭。很多卖家在选择商品的时候往往会选爆款、热卖款，而热卖产品往往都有知识产权保护，贸然跟随售卖势必面临知识产权侵权风险。为了保证公众认可度，通过卖家的知识产权设置一些"品质质量"的门槛，是这些跨境电商平台的首选。近年来，Wish、亚马逊等跨境电商平台不断地出台规则、政策去打击各类侵权行为的做法就很容易理解了。

扭扭车涉及知识产权问题，带来了恶劣的买家体验，亚马逊下架其实是一种紧急状态下召回产品的无奈之举。亚马逊对平衡车的全线下架也会给自己带来巨大经济损失，但在法制、商誉和长久经营面前，亚马逊的"有钱不赚，自讨苦吃"的做法就可以理解了。

跨境电商平台一般，都会重点关注以下几类知识产权：一是商标权，如不能冒用他人的商标或相关标识；二是版权，常见的有不能侵犯作者的著作权，包括音像制品、设计图案和包装图案等；三是外观设计专利权，通常是不能非法使用他人对产品的形状、图案、色彩及结合的新设计；四是发明专利权，如不能非法销售他人专利发明中保护的技术方案覆盖的产品。

更令诸多涉事中国平衡车厂商们费解的是，他们都已经从杭州骑客购买了平衡车专利使用权，为何还会侵犯他人专利？这里有两个概念需要厘清，一是专利权是有地域性的。也就是说，美国的专利只能在美国受法律保护，中国的专利也只能在中国受法律保护，如果你获得了中国的专利授权，那你可以在中国制造、销售，如果将产品卖到美国，还必须获得相应美国专利的授权才行。第二个是多个专利权的保护范围可能存在"重叠"。每个专利权都有其保护范围。一般来说，申请日越早、越基础的专利其保护范围就越大，而申请日越晚的对现有技术进行改进和完善的专利其保护范围就会相对越小。

知识链接

技术方案相关联的专利之间的权利范围如何划分？

举例说明，如果A专利权利要求保护的平衡车包括车轮、电池、传感器，而B专利权利要求保护的平衡车除了包括车轮、电池、传感器之外，还包括平衡仪。那么实施了B专利的技术方案制造的平衡车，同时也会落入A专利的权利要求保护范围。也就是说，即使获得了B专利的许可，也仍会侵犯A专利的专利权。同理，实施B'专利也会侵犯A'专利（见图3.2）。

简单地说，专利之间相比而言有基础专利和从属专利之分，基础专利的保护范围是一个大圈儿，从属专利的保护范围就是大圈儿中的小圈，如果你的产品技术方案落入小圈儿的保护范围，那自然也就落入大圈儿的保护范围。

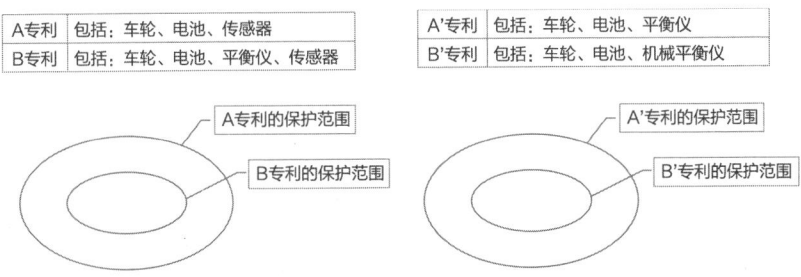

图 3.2　技术方案相关联的专利之间的权利范围

二、技术壁垒

从2015年12月1日到2016年2月17日，美国消费品安全委员会（CPSC）收到的报告中，一共有来自24个不同州的52起平衡车起火事件，造成超过200万美元的经济损失，包括两间房屋和一辆车的损毁。

1.美国消费品安全委员会公告

2016年2月18日，美国消费品安全委员会（CPSC）[1]宣布，所

---

[1]美国消费品安全委员会（CPSC）成立于1972年，是依据《消费品安全法案》设立的一个独立的联邦监管机构。它的责任是保护广大消费者的利益，通过减少消费品存在的伤害及死亡的危险来维护人身及家庭安全。CPSC 的主要工作包括：与行业协会协同制定生产者自律标准；对于那些没有标准可依的消费品，制定强制性标准；采取措施禁止没有适当的、足够的公众保护的消费产品在市场流通；推动生产或销售商召回和修理有问题的产品；对可能具有潜在危害的产品进行研究；对具有潜在危险的产品进行检查，通过各种渠道为消费者提供产品安全信息并进行产品安全教育。

有在美生产、进口、销售的平衡车（包括扭扭车）必须符合最新的UL2272平衡车电路系统认证标准，所有平衡车电池必须符合UN38.3认证要求。不符合上述标准的产品将会在进口过程中被海关扣押，在国内销售的问题产品将会被要求召回。

具体公告内容如下：

致所有平衡车（包括扭扭车）制造商、进口商、经销商。注意，你们在美国本土所生产、进口、销售的平衡车必须符合最新的安全标准，包括UL2272平衡车电路系统认证标准。该标准认证服务可通过UL公司[①]购买（http://www.comm-2000.com/），另外所有平衡车电池必须符合UN38.3认证要求。所有不符合上述标准的平衡车产品有潜在起火的风险，将会给消费者带来严重的人身伤害甚至威胁到生命财产安全。

如果调查到相关的平衡车产品不符合上述标准，根据美国相关法律法规，这些产品将会被定为危险品，在海关进口过程中将会被扣押。如果发现在国内销售该问题产品的，将会要求召回。

CPSC呼吁所有平衡车相关的进口商、代理商、经销商停止一切平衡车商业活动，直到其产品可以通过最新的UL认证。截至公告宣布之时，UL官方表示未有任何一家平衡车品牌或者企业的产品通过最新的UL认证，并且CPSC的公告针对所有平衡车产品，包括独轮车。

[①] UL是美国保险商试验所（Underwriter Laboratories Inc.）的简写。UL是美国最有权威的，也是世界上从事安全试验和鉴定的较大的民间机构。它是一个独立的、营利的、为公共安全做试验的专业机构。

2.UL2272认证标准内容

UL2272认证标准主要涉及电气性能测试、机械性能测试、环境相关测试、材料器件测试等。电气性能测试包括过压测试、短路测试、欠压测试、温度测试、漏电测试等；机械性能测试包括震动测试、冲击测试、挤压测试、跌落测试、外壳烤箱测试等；环境相关测试包括涉水测试、热循环测试等；材料器件测试包括阻燃特性测试、电机测试等。

UL2272认证标准全文60多页，对平衡车的性能要求十分全面，条件苛刻，具有较高的技术门槛。

由于存在引发起火爆炸的风险，美国消费品安全委员会（CPSC）发布公告要求在美国本土所生产、进口、销售的平衡车必须符合UL2272平衡车电路系统认证标准，但高额的认证费用和严格的认证标准却让众多中国平衡车企业进退两难。一款产品的UL整车认证费用在30万元人民币起步，这还不包括实验室的检测费、服务费等，全部费用接近40万元人民币。高昂的认证费用让很多平衡车企业望而却步，保持观望态度。

除了UL认证标准，一些其他国家/地区也有类似的认证标准甚至是禁令出台。

澳大利亚也针对平衡车发布了禁令，决定禁止销售不符合安全标准的平衡车。2016年7月14日，澳大利亚竞争和消费者委员会（ACCC）发布《自平衡车强制安全标准》，并于2016年7月17日正式生效。该《安全标准》中提出保险丝应满足UL2272标准，电池控制系统及温控系统应满足在非正常工作状态下的产品发热时控制产品温度在（20±5）℃之内从而避免过热和着火危险的发生。据了解，在澳大利亚销售的平衡车必须符合以下认证：①平衡车电池：按

IEC62133标准——只要有IEC62133标准的CB或者有资质的IEC report即可；②平衡车整机：按澳洲AS/NZS 60335.1、Cl11.19标准——可以用对应标准的CB或者IEC report加上澳洲偏差进行SAA转证；③平衡车充电器：按AS/NZS 60335.2.29或者AS/NZS 61558.2.16——用相应标准的CB或者有资质的IEC report进行ASS转证。[①]

　　平衡车产品打开并进入欧盟市场的护照就是首先必须符合CE基本安全标准，符合标准的会带有"CE"标志属强制性认证标志，另外如果想进入德国市场还必须通过EMCC的电气安全和电磁兼容的测试及TUV对于元器件的质量测试。2008年6月1日实行的REACH84法规要求平衡车部件材质中的化学物质不能超过总物品量的0.1%，其环保标准的限量参数比国内标准的要求严格几十倍；2015年6月4日，欧盟正式发布ROHS2.0修订指令，新增加4种邻苯二甲酸酯类限制物质，这意味着对平衡车中的电线和外壳塑料的材质要求更加严格。2017年2月17日，欧盟委员会非食品类快速预警系统（RAPEX）对中国产电动平衡车产品不符合《欧盟机械指令》和《欧盟低压电指令》及相关欧洲标准EN 60335的要求，发出消费者警告并启动召回措施。

　　2016年6月，沙特标准计量和质量组织（SASO）发布平衡和技术法规草案，该标准规定平衡车速度不能超过15km/h，工厂应符合ISO9001体系要求；供应商（制造商、进口商）应取得ISO/IEC17067《合格评定机构认证产品、过程和服务要求》合格评定认证，应提供完整的产品技术文件、工厂检查等要求。沙特着重强调了电池的相关测试以保证电池的安全可靠性，与美国提出的UL2272监管要求不同，沙特技术法规还强调了对供应商的体系提出了需要达到

---

① https://www.cifnews.com/article/19726.

合格的产品认证的要求。[①]

可以说，由于部分电动平衡车的质量问题而推出的UL2272平衡车认证标准，导致整个中国的平衡车产业在美国基本处于被"封杀"状态，再加上各国法规标准纷纷出台，技术性贸易壁垒正在全球各地悄悄形成，行业面临重大危机。从原材料供应商、配件商、组装厂到零售商、终端服务商，整个产业链都遭遇连锁反应，受影响人员超过30万人。为此，绝大多数以赚取快钱为目的进入平衡车领域的企业迅速退出平衡车行业转而从事其他产业。中国的平衡车行业突然进入了"严冬"。

3.危机中的"机遇"

UL2272平衡车认证标准给中国平衡车行业带来了危机，但危中也有"机"。首先，美国发布的这个UL标准，也给中国平衡车行业制定平衡车行业标准提供了一个参考。其次，可以规范平衡车行业的发展，UL2272认证标准给生产企业设置了一个非常高的准入门槛，这样也会让粗制滥造的小作坊彻底地被清理出局，长远来看，有利于平衡车行业的健康发展。另外，新的标准会带来新一轮的技术升级，给了中国平衡车企业布局核心专利的一次机会。围绕标准布局的专利即使不能直接带来巨额的许可收益，也可以成为交叉许可和应对专利纠纷的筹码。

---

① http://www.fx361.com/page/2017/0425/1630508.shtml.

知识链接

如何围绕标准制定合理的专利布局策略？

专利与标准结合的方式一般表现为三种：一是标准必要专利，是指标准规定的技术方案在专利保护范围之内；二是标准实现类专利，是指标准没有明确规定技术方案，但标准实施时通常只能通过该专利方案来实现；三是标准商业实现类专利，是指标准实施可能有多种方案，但专利方案是商业上可行或较优的方案。企业运用专利参与标准化工作的目标是尽可能通过产品开发与标准研究相结合实现"专利标准化"。

但应注意，随着标准和知识产权政策的发展，这项工作的难度正在不断增大，因为某些行业对于专利能否嵌入标准保持警惕和审慎的态度。所以，专利和标准融合除了要考虑"专利标准化"之外，还要研究"标准专利化"，也就是围绕现有标准做专利布局。事实上，多数情况下，企业首先要做的是"标准专利化"，通过研究和分析已有标准，寻找可能的专利布局方向。随着标准的不断发展，这些专利有可能为企业参与已有标准修订甚至新标准制定创造条件，也有可能增强企业在参与标准相关工作中的话语权甚至主导权。

围绕已有标准进行专利布局也就是"标准专利化"，简单地说就是围绕标准尽可能多、尽可能有效地布局一定量的专利。需要考虑的因素包括以下三个方面。

（1）需求引领。在外部标准化活动中，使用各种手段引导标准的发展，重点在于需求方面的引导，一旦标准化组织有可能获得这种引导所产生的惯性，就积极组织专利策划，迅速完成专利布局，搞上一个"口袋阵"。

（2）补全标准。针对标准中的"空洞"，即那些可能涉及专利，因此没有人愿意在标准中把这件事情说清楚的方面，不是盲目地提建议，而是在知识产权方面做文章，用自有专利把这些"空洞"填平。

（3）标准关联技术。针对标准中已经明确规定的功能需求，可以针对这些功能需求开展专利布局。例如标准中规定了一种信令的功能需求，就可策划实现这种信令的硬件装置来申请专利；再例如标准中规定了某个装置应该有某一个性能指标，也可策划对这个性能指标进行调节的方法或系统。

围绕标准发掘专利不同于围绕产品和技术方案发掘专利。标准通常由各类要素构成，一项标准的要素可分为资料性概述要素、资料性补充要素、规范性一般要素和规范性技术要素。标准中的规范性技术要素是标准的核心内容，也是开展专利布局的基础。围绕已有标准进行专利布局的基本策略可以有如下几种（见图3.3）：

（1）覆盖型专利布局策略。当标准的技术要素未规范具体技术方案时，可以采取"广撒网"的覆盖型专利布局策略，设计或提出尽可能多的技术方案，这些技术方案足以覆盖标准技术要素相关的多种具体技术方案。

（2）市场引导型专利布局策略。当标准中规范有比较明确的方案但该方案并非实现该标准的唯一方案时，可以围绕可选的方案发掘标准相关专利，并尽可能地挖掘和布局商业上可行或较有潜力的优化技术方案。

（3）包围式专利布局策略。当标准中规范有比较明确的方案且该方案是实现该标准的唯一方案时，可以围绕该方案布局标准必要专利；如果已存在标准必要专利，则要针对标准必要专利采取外围专利布局策略。[①]

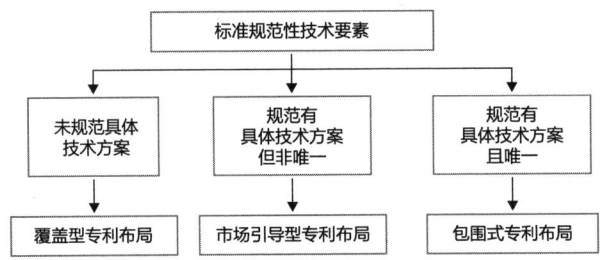

图 3.3 围绕已有标准进行专利布局的基本策略

三、贸易壁垒

中国平衡车行业在经历了亚马逊下架和以UL2272为主的技术壁垒之后，已经元气大伤。但就在各家平衡车厂商惊魂未定之际，接连又遭遇了3起针对中国平衡车企业的美国337调查。337调查是一项美国贸易救济制度，其具有发起条件低、时限短和措施严等特点。

此时的中国平衡车行业，真可谓"屋漏偏逢连夜雨，船迟又遇打头风"。

平衡车产业在过去两年里经历了爆发式发展到出口市场的无序竞争变化，从市场需求快速放量、出口成倍增长，到随后而来的出口市场秩序问题和产品质量与安全问题，行业迅速进入了胶着期，尤其是美国连续发动的3起针对平衡车的"337调查"，使

①马天旗.专利布局［M］.北京：知识产权出版社，2016:149-171.

行业发展陷入了迷茫。[1]

——中国机电产品进出口商会会长张钰

什么是美国337调查？

根据美国《1930年关税法》第337节的规定，凡进口到美国的外国产品，不论以何种形式，若其侵犯了美国本土产业现有或正在建立中的合法有效的具有执行力的专利权、注册商标、版权及集成电路布图设计、外观设计等，即构成对"337条款"的违反，美国国际贸易委员会（USITC）都可以进行调查。USITC负责所有关于337案件的调查工作，它是一个准司法的独立行政机构。根据美国联邦法律，ITC在地域管辖方面没有限制，所有联邦境内的337案件都属于ITC的管辖范围。

1.3起不得不打的"美国337调查"官司

发起337调查的企业可分为两大阵营，其中一个阵营是美国锐哲公司（Razor）、美国英凡蒂公司（Inventist）和陈星（Shane Chen）；另一阵营是美国赛格威公司（Segway）、美国德卡公司（DEKA）和后来收购了赛格威公司的天津纳恩博公司（Ninebot）。

近几年，涉及中国国内平衡车企业的美国337调查案共3起，案件号分别为337-TA-935、337-TA-1000和337-TA-1007/1021。

---

[1] http://www.sohu.com/a/113419952_116062.

（由于337-TA-935对中国企业影响较小，在本书中不做详细描述。）

337-TA-1000是美国锐哲公司、英凡蒂公司和陈星2016年5月20日共同发起的。指控中国和美国共27家公司向美国出口和/或在美国销售的平衡车产品侵犯其在美国的1项发明专利，以及通过虚假广告和/或虚假或误导性陈述进行不公平竞争。

其中，337-1007/1021是合并审理的337调查。赛格威、德卡和纳恩博在2016年5月17日提出一起337调查（337-1007），在2016年8月16日又提出另一起337调查（337-1021），随后在赛格威等的请求下，两起337调查合并审理。

2016年以来，美国针对我国电动平衡车发起的337诉讼案一共3起（见表3.1）。

表3.1 2016年美国针对我国电动平衡车发起的337诉讼案

案号	起诉时间	起诉方	被告
337-TA-1000	2016-3-21	Razor/陈星/Inventist	骑客及其他公司，共31个被告
337-TA-1007	2016-5-18	纳恩博/Segway/DEKA	Razor及其他公司，共9个美国公司
337-TA-1021	2016-8-16	纳恩博/Segway/DEKA	骑客及其他公司，共6个被告

应对美国337调查需要花费几百万甚至上千万美元，这使得大多数中国被控企业望而却步。再加上缺乏相关经验，大多无奈放弃美国市场。

│ 人物访谈 │

为什么很多中国平衡车企业选择不应诉？

337调查至少需要花费300万~500万美元，对于一个中小企业来说，100万美元都是一个很大的经济负担，况且他们对当地的法律制度很不了解，缺乏打国际官司的经验。所以他们就想逼迫骑客和其他中国的平衡车企业知难而退，放弃美国市场。

——中国机电产品进出口商会平衡车分会副秘书长、时任骑客副总经理章杏娟

由于缺乏信心或者无力承担诉讼费用，两起"337调查"中（337-1007/1021合并），几十家被告绝大部分都选择放弃市场或者不应诉，应诉的公司只有几家，杭州骑客是其中之一。但是，这两起337只要有一起败诉，中国平衡车行业就会被完全排除在美国市场之外。

| 人物访谈 |

由于两起337都要求颁布普遍排除令，因此，这种针对整个行业同时进行的两起"337调查"中，只要输掉一起案件，企业仍然面临同样的窘境，只有两起案件都胜诉才能保证产品继续在美国市场销售。

——美国337调查骑客代理律师、美国飞翰律师事务所合伙人印庆余

虽然"337调查"应诉费用数额庞大，但企业之间联合起来可以降低应诉成本，还可以分享信息资源。针对行业的337调查，每个企业的利益与行业的利益是密不可分的，各企业如果形成合力，均摊成本，抱团取暖，那么"337调查"在我国企业面前也不是那么可怕。

2.美国337-TA-1000案

2016年3月22日，原告英凡蒂公司、陈星和锐哲公司向美国ITC提出337立案调查申请，控诉被告在未经授权的情况下，通过进口，或为了进口（美国）而销售，或在进口（美国）之后销售的电动平衡车产品侵犯了原告持有的US8738278专利（以下简称'278专利）的至少第1~9项权利要求。此外，原告还称，上述部分被告还通过代理方的形式，将其产品进口美国并进行销售，其中包括了此次涉案的阿里巴巴，以及亚马逊和其他网络平台。

（1）涉案专利

涉案专利正是陈星的扭扭车代表性美国发明专利US8738278B2。

原告称已经将此项技术用于英凡蒂公司的Hovertrax，和锐哲公司的Hovertrax以及Hovertrax DLX产品的生产当中。

原告还表示，除了上述侵犯'278专利的行为外，被告的不正当广告宣传的行为同样是对原告权利的侵犯，是不恰当的。此次涉嫌专利侵权和进行不正当广告宣传的中国公司有阿里巴巴集团、杭州骑客智能科技有限公司、中国Joy Hoverboard公司、中国Leray集团、深圳Shareconn国际、深圳市九摩科技有限公司、深圳R.M.T技术有限公司、深圳市乔兴科技有限公司等。上述被告的侵权及不恰当推广的行为已经并将持续给原告造成经济上和商誉上的损失。

原告在起诉书中提出了以下"救济"申请：

原告要求USITC进行调查，并在调查后发布普遍排除令，或者发出有限排除令，并颁布永久禁止令。

①颁布普遍排除令（General Exclusion Order），禁止所有侵犯原告'278专利和/或形成不公平竞争的产品，在'278专利有效期内进入美国境内；或颁布有限排除令（Limited Exclusion Order），

禁止被告所有侵犯 '278专利和/或形成不公平竞争的产品，在 '278专利有效期内进入美国境内。

②颁布永久禁止令（Permanent Cease and Desist Order），在 '278专利有效期内禁止被告的进口、销售、提供销售、市场推广、广告推广、包装、发明、分销、转移或实施等任何侵犯原告 '278专利和/或形成不公平竞争的行为。

（2）涉案被告公司及相关产品

337-1000案的28家涉案公司名单中包括10家中国公司和18家美国公司。起诉人在诉状中指出，杭州骑客智能科技有限公司、美国CyBoard 公司、美国Genius Technologies公司、美国GyroGlyder.com、美国InMotion娱乐集团有限责任公司、美国IO Hawk公司、美国Jetson Electric Bikes有限公司、深圳市凯贝科技有限公司、美国Newegg.com、美国Powerboard公司、深圳市辰多星电子科技有限公司和美国Uwheels公司向美国进口、为进口而销售和/或进口后在美国销售涉嫌侵权的产品；其余被控公司向美国进口、为进口而销售和/或进口后在美国销售涉嫌侵权的产品，和/或进行不公平竞争（见表3.2）。

表 3.2 涉案中国被告公司及相关产品

公司名称	被控情况			被控侵权产品	
	专利侵权	虚假宣传		产品型号	产品图示
		UL标签	电池标签		
阿里巴巴集团	√		√	Smart B,C,F,S	
杭州骑客智能科技有限公司	√			Smart B,C,F,S	
中国Joy Hoverboard公司	√		√	Hoverboard Drift Plus	
深圳市凯贝科技有限公司	√			Kebe Hot 2 Wheel Scooter	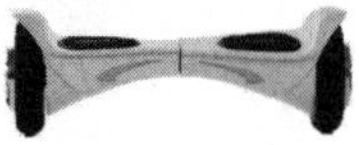
中国Leray集团	√		√	Dreamwalker	
深圳Shareconn国际	√	√		Shareconn Anhell Hover Boost,Airboard scooter, Hoverboard	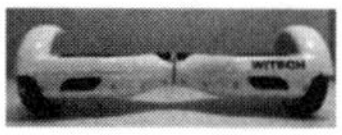
深圳市辰多星电子科技有限公司	√			Self-Banlancing Electric Scooter	
深圳市九摩科技有限公司	√		√	Self-Banlancing Electric Hoverboard	
深圳R.M.T技术有限公司	√		√	Self-Banlancing Electric Scooter	
深圳市乔兴科技有限公司	√	√	√	Aottom's 2 wheel Self-Banlancing Scooter	

3.美国337-TA-1007/1021案

2016年5月18日，纳恩博和赛格威以及德卡，三方将包括英凡蒂公司在内的6家美国电动平衡车企业告上ITC，申请对这些企业专利侵权的行为展开"337调查"。该案已经于2016年6月24日正式立案，案件号为337-TA-1007。这也使得纳恩博成为历史上第一个在美国主动发起"337调查"的中国企业。

2016年8月16日，中国电动平衡车企业纳恩博及其收购的美国电动平衡车企业赛格威（Segway Inc.），以及赛格威的原母公司德卡（DEKA Products Limited Partnership）再次共同向美国国际贸易委员会（ITC）提交了"337调查"申请，指控来自中国、美国、土耳其和荷兰4个国家的共13家企业专利侵权。其中，被告的中国企业达6家，包括常州爱尔威、南京快轮等国内较知名的平衡车厂商；该案档案号为337-1021。国内企业在ITC利用"337调查"起诉本国竞争对手，尚属首次。

涉案专利、被告公司及其侵权产品如下：[1]

（1）涉案专利

1007案涉及6件美国发明专利。1021案涉及2件美国发明专利：US6302230和US7275607。这两件发明专利同时也是1007案的涉案专利，但涉及US6302230的权利要求不同。此次涉案的6件专利为同族专利，其中US6302230是基础专利，其他专利是从US6302230通过继续申请、部分继续申请或分案申请等方式派生出来的专利，主要保护Segway Personal Transporters各种关键的控制功能。这6件专利的详细情况见表3.3。

---

[1] https://mp.weixin.qq.com/s/kpnFrHbfcEmZLrv053o7TQ.

表 3.3 涉案中国被告公司及相关产品

专利号	US6302230
申请日期	1999-06-04
发明名称	Personal Mobility Vehicles and Methods（个人移动车辆和方法）
技术方案简介	一种用来载运一使用者的车辆装置，该使用者为一站立的人，该车辆装置包含：(a)一地面接触模组，其支撑包括该站立的人的有效载重，该地面接触模组在大致单一接触区域接触一在下方的表面；及 (b)一机动化驱动器配置，连接于该地面接触模组；该驱动器配置，该地面接触模组，与该有效载重构成一系统；该机动化驱动器配置在启动时造成该系统的自动平衡操作。
附图	
1007 案涉及权利要求	1，3-5，7
1021 案涉及权利要求	1，3-4

续表

专利号	US6651763
申请日期	2000-02-08
发明名称	Transporter Oscillating Alarm（运输车摆动警报）
技术方案简介	一种用于携带用户的车辆，所述车辆包括：a.地面接触模块，其支持包括用户的有效负载，所述地面接触模块接触下面的表面并包括至少一个地面接触构件；b.电动驱动器，用于致动所述至少一个地面接触构件，以便在正常移动模式下推进所述车辆；c.用于感测车辆的指定状态的传感器； 以及d.控制器，用于响应于所述指定条件，使所述车辆用车辆加速度加速，所述车辆加速度用周期性调制进行调制，使得所述车辆加速度在所述调制的每个周期内在制动和加速之间以及在制动之间交替。
附图	
1007 案涉及权利要求	1-5, 7
1021 案涉及权利要求	—

续表

专利号	US7023330
申请日期	2003-09-23
发明名称	Transporter Oscillating Alarm（运输车摆动警报）
技术方案简介	一种用于警告具有机动化驱动器的车辆的操作者的报警系统，所述报警系统包括：a.用于感测车辆的指定状态的传感器； 以及b.控制器，用于响应于所述指定条件，使所述机动化驱动器以车辆加速度来加速所述车辆，所述车辆加速度以周期性调制来调制，使得所述车辆加速度在所述调制的每个周期内在制动和加速之间以及在制动之间交替。其中所述车辆包括控制回路，在所述控制回路中包括电动驱动器，用于在相对于在所述前后平面中倾斜的动态平衡的条件下推进所述车辆。
附图	
1007 案涉及权利要求	1-3, 5
1021 案涉及权利要求	—

续表

专利号	US7275607
申请日期	2004-09-13
发明名称	Control of a Personal Transporter Based on User Position（基于用户位置的个人运输车的控制）
技术方案简介	一种控制器，用于为传送器提供所需的运动方向或定向的用户输入。所述控制器具有输入端，用于接收用户基于检测到的所述用户的身体取向而指定的值。可以由用户使用多种输入模式中的任何一种来传送用户指定的输入，包括：超声波身体位置感测；脚力传感器；倾斜车把；主动车把；体位的机械感测；以及线性滑动方向输入装置。
附图	
1007 案涉及权利要求	1-4，6
1021 案涉及权利要求	1-4，6

续表

专利号	US7479872
申请日期	2005-11-01
发明名称	Transporter Oscillating Alarm（运输车摆动警报）
技术方案简介	用于车辆的警告操作者的报警系统，具有一个电动驱动报警系统，包括：一种报警器，包括摇床用于周期性地调制车辆的加速度；传感器，用于感测车辆的指定的条件；和控制器，用于使所述机动驱动，响应于预定条件的情况下，操作的摇动器，所述报警警告操作者。
附图	
1007 案涉及权利要求	1, 3-5, 10-12, 17
1021 案涉及权利要求	—

续表

专利号	US9188984
申请日期	2014-07-30
发明名称	Control of a Personal Transporter Based on User Position（基于用户位置的个人运输车的控制）
技术方案简介	一种装置控制器，用于以减小由于车辆的横向加速度引起的横向不稳定性的方式来促使骑车人定位在车辆上。该装置具有一个输入端，用于从骑车人接收所需行进方向的规格，以及用于向骑车人反射有利的瞬时身体方位的指示装置，以增强面对横向加速度的稳定性。所述指示器可包括车把，所述车把可相对于车辆枢转并且响应于车辆转向而被驱动。
附图	
1007 案涉及权利要求	1-3, 5-7, 8-14, 15-20
1021 案涉及权利要求	—

（2）涉案被控公司①

337-1007案中涉案企业为6家美国企业，其中包括曾提起另一起337调查（案号337-1000）的锐哲（Razor）和英凡蒂（Inventist），还包括名称与赛格威（Segway）商标相似的Swagway和Segaway（见表3.4）。

表 3.4 1007 案涉案企业及被控侵权情况

序号	被告公司情况	被控侵权情况						商标
		专利（涉及的权利要求）						Segway Marks
		'230	'763	'330	'607	'872	'984	
1	Inventist,Inc.	1,3–5,7	1–5,7	1–3,5	1–4,6	1, 3–5, 10–12, 17	1–3, 5–20	—
2	Razor USA LLC	1,3–5,7	1–5,7	1–3,5	1–4,6	1, 3–5, 10–12, 17	1–3, 5–20	—
3	Phunkee Duck,Inc.	1,3–5,7	—	—	1–4,6	—	1–3, 5–20	—
4	Swagway,LLC	1,3–5,7	—	—	1–4,6	—	1–3, 5–20	√
5	Segaway	1,3–5,7	—	—	1–4,6	—	1–3, 5–20	√
6	Jetson Electric Bikes LLC	1,3–5,7	—	—	1–4,6	—	1–3, 5–20	—

1021案中的被告则来自中国、美国、土耳其和荷兰的13家公司。其中共有6家中国企业，分别为常州爱尔威智能科技有限公司

---

① https://mp.weixin.qq.com/s/DvmfIx8WXw1dKdyQF6rpbA.

（Airwheel）、南京快轮智能科技有限公司（Fast Wheel）、深圳辰多星电子科技有限公司（C-star）、杭州骑客智能科技有限公司（Chic）、深圳市九摩科技有限公司（Koowheel）和广州科佰艺电子科技有限公司（Gotway）（见表3.5）。

表3.5　1021案涉案企业及被控侵权情况

序号	涉案侵权公司		被控公司所在地	被控侵权情况	
				'230	'607
1	美国PowerBoard公司		美国	√	√
2	美国Hovershop公司		美国	√	√
3	美国Inventist公司		美国	—	√
4	土耳其Metem科技公司		土耳其	√	√
5	土耳其Metem科技公司		土耳其	√	√
6	Airwheel集团公司	常州爱尔威智能科技有限公司	√	√	√
7		美国爱尔威公司	√	√	√
8		荷兰爱尔威公司	√	√	√
9	南京快轮智能科技有限公司		中国	√	√
10	深圳辰多星电子科技有限公司		中国	√	√
11	杭州骑客智能科技有限公司		中国	√	√
12	深圳九摩科技有限公司		中国	√	√
13	广州科佰艺电子科技有限公司		中国	√	√

（3）涉案被控公司的相关产品

原告在诉状中控告被告向美国进口、为向美国进口而销售或进口后在美国境内销售涉案侵权产品，涉案侵权产品主要是独轮车和扭扭车。

起诉方请求USITC签发普遍排除令、有限排除令和禁止令，并在总统审查期内对一些被诉侵权产品收取保证金。

知识链接

1.美国337调查中的救济措施都有哪些？

在337调查中，美国国际贸易委员会（United States International Trade Commission，简称ITC）根据美国《1930年关税法》第337节的规定，对进出口贸易中侵犯知识产权等不正当贸易行为进行调查，并采取救济措施。救济措施包括：

（1）有限排除令（Limited Exclusion Order，简称LEO）：禁止申请书中被列明的特定被告的侵权产品进入美国市场。有限排除令不仅仅限于诉讼中裁定的产品，在一些情况下可以延伸到侵权产品的下游或下级产品以及上游的零部件产品。

（2）普遍排除令（General Exclusion Order，简称GEO）：不分来源地禁止所有同类侵权产品进入美国市场。普遍排除令一旦发布，就意味着全球所有未经许可的厂商的涉案产品，在专利有效期内都无法进口到美国市场。

（3）停止令（Cease and Desist Order，简称CDO）：要求侵权企业停止侵权行为，包括停止侵权产品在美国市场上的销售、库存、宣传、广告等行为。任何违反停止令的企业将会被处以每天10万美元的罚款，或等同所涉商品当日销售额两倍的罚款，两者中取高者。

（4）没收令（Seizure and Forfeiture Order，简称SFO）：如果ITC曾就某一产品发布过排除令，而有关企业试图再次将其出口到美国市场，则ITC可发布没收令。根据该没收令，美国海关可以没收所有试图出口到美国的侵权产品。

2. "美国337调查"的基本程序都包括哪些?

337案件可以由原告提起或由ITC自行发起,但多数都是由原告提起的。原告提交调查申请应以书面方式提交至ITC秘书处(Office of the Secretary)。申请书的主要内容应包括:对涉案知识产权的描述;对涉嫌侵权的进口产品的描述;涉嫌侵权产品的生产商、进口商或经销商的相关信息;涉案知识产权正在进行的其他法院诉讼或知识产权程序;国内产业情况及原告在该产业中的利益;诉讼请求。

ITC收到申请书后将进行审查,并在30日内决定是否立案。如果决定立案,ITC将在《联邦纪事》(Federal Register)中登载原告和起诉事项,并向每位被告送达申请书和调查通知。立案后,ITC指定一名行政法官主持案件的法庭审理,同时从不公平进口调查办公室指派一名调查律师参加审理。如果ITC决定不立案,应当向原告说明理由。

立案后,ITC会立即向申请书中列明的美国被告以及外国被告所在国驻美国大使馆送达申请书副本及调查通知。如果申请书及调查通知未能由ITC送达,原告可以在行政法官同意的情况下自行送达。

被告应在收到申请书之日起20日内针对调查通知提交书面答辩意见,决定是否应诉。被告在美国境外的,上述期限可以延长10日。如果原告同时申请了临时救济措施,被告还必须在收到申请书之日起10日内(较为复杂的案件为20日)提交对临时救济措施的答辩意见。被告没有做出反应的,视为缺席(不应诉)。

根据《ITC操作与程序规则》,337调查启动后当事人有权就其申诉或抗辩有关的任何非保密问题进行取证,包括:书籍、文件或其他有形物是否存在、(如存在)具体描述、性质、保管情况、具体情况及位置;任何知道可取证事项的人员的身份和位置;合适的救济措施；被调查方合理的保证金。取证一般包括以下形式：承认要求、质询、传票、供词、进入财产和文件提供。取证程序一般会持续5个月。

在调查启动6个月后，行政法官可以主持召开听证会，全面听取双方当事人的质证和答辩意见。在听证会上，每一方当事人都有权进行询问、提供证据、反对、动议、辩论等。听证会一般需要1~2周时间。

听证会后，在不迟于立案后9个月（如果调查目标日期超过15个月的，则在调查结束前的4个月），行政法官应该向ITC提交对该案的初裁决定，说明是否存在违反337条款的行为，并对救济措施提出建议。

初裁做出后，ITC可以应当事人的申请或主动要求对初裁进行复审，并在初裁做出后90日内决定是否进行复审。ITC的复审决定将成为最终裁定。一旦ITC的最终裁定和救济措施（如有）被做出并登载于《联邦纪事》上，则终裁和救济措施均已生效。终裁发布后，被判侵权的外国产品可以以保证金方式进口，直至总统审议期结束。

终裁做出后，ITC应将其提交美国总统审议，如美国总统在ITC裁决做出后60日内未基于政策因素予以否决，则该裁决将成为终局裁决。实践中，极少出现美国总统否决ITC终裁结果的情况。

特别值得注意的是，在专利侵权案件中，当事人可以通过签订和解协议解决争议，终止调查。整个337调查程序中有3次法定的和解会议，以促使双方当事人达成和解。和解协议的内容通常包括：被告停止进口、原告放弃对被告的指控、授权被告使用专利、对侵权事实的认定、对争议产品的销售时间或区域的规定等。签订和解协议的当事人必须向行政法官提交一份协议文本供审查。行政法官从公共利益角度出发，审查和解协议是否存在反竞争因素以及是否违背公共利益。如果审查结果是否定性的，行政法官可以做出初裁决定，依据该协议而结束调查。如前所述，ITC有权最终决定是否结束调查。

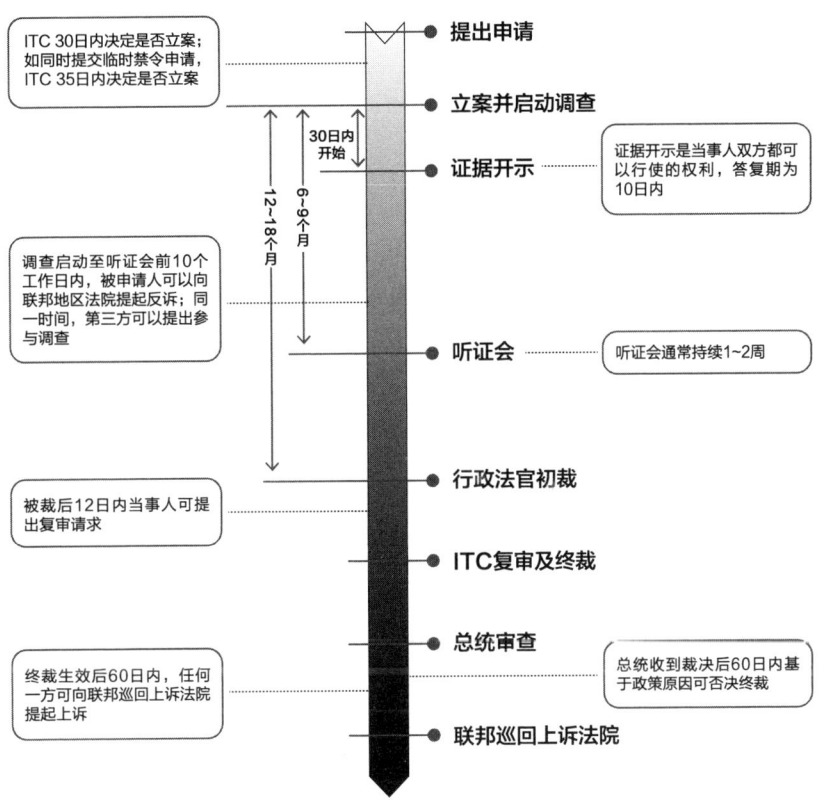

图 3.4　美国 337 调查的程序①

3.美国337调查和美国法院知识产权诉讼的区别是什么？

从管辖权看，337调查不要求USITC具有属人管辖权，因此外国公司即使没有在美国直接设立分公司，而是通过中间商将产品销售到美国，也可能因为进口产品涉嫌侵权而成为337调查的被告；美国国

---

① https://mp.weixin.qq.com/s/O−N5KKH_pLXJT7fhiVF9RQ.

内法院由于受到属人管辖权的严格限制，要求被告必须能够以法律规定的方式被送达，并且在美国境内有可执行的资产，因此，美国公司往往较少通过国内法院对此类外国公司提起诉讼。

从审理时限看，337调查的程序比较快捷，一般在12~18个月内结束；法院诉讼则一般需要耗时3~4年。

从救济措施看，337调查可以针对特定被告发布有限排除令，也可以不针对特定被告，不区分产品来源地而发布普遍排除令；法院诉讼中只能禁止特定被告停止侵权行为。另外，337调查不会对被告处以金钱制裁；而法院诉讼中，败诉的被告可能会被要求向原告支付因侵权行为造成的损害赔偿，以及支付原告的律师费用。

从程序看，337调查程序中设置了为期60日的总统审议期，如美国总统未在USITC裁决做出后60日内基于政策因素予以否决，则USITC的裁决将成为终局裁决；法院诉讼中没有这一程序。

此外，二者在立案标准、调查程序、反诉等方面也存在一些区别。

结　语

　　本篇列举了中国平衡车行业面临的跨境电商平台下架、技术标准壁垒、美国337调查"三座大山"的成因和对该行业的冲击情况。跨境电商平台是近些年专利侵权纠纷的"主战场"之一，因为暴露在"广众"之下，没有申请专利保护其产品和没有进行专利侵权风险分析的企业很难避免其他专利权利方的专利侵权纠纷。UL2272认证标准给国内生产企业一个非常高的准入门槛，很多中小企业因此纷纷破产或改行。美国337调查是一项美国贸易救济制度，其具有发起条件低、时限较短、措施严厉、应诉费用昂贵等特点，是其他国外企业比较喜欢用的打压中国企业的贸易壁垒工具。

　　但是，我们更应看到危中有机。跨境电商平台下架会使国内企业更加重视产品质量和专利侵权风险；UL2272认证标准给生产企业一个非常高的准入门槛，这样也会让粗制滥造的小作坊彻底地被清理出局，长远来看，有利于平衡车行业的健康发展；打得一拳开免得百拳来，虽然"337调查"应诉费用数额庞大，但企业之间如果联合起来积极应诉，可降低应诉成本，而且经历"337调查"之后可能会赢得更大的市场。

第四篇

寻路调整

沉舟侧畔千帆过，病树前头万木春。

——刘禹锡

极度黑暗的时候也就意味着黎明不远了。单枪匹马，"一意孤行"，最终在美国337-TA-1007/1021两起调查案中胜诉的骑客，获得了极高的名誉和实实在在的实惠。2016年8月30日成立的中国机电产品进出口商会电动平衡车分会为规范行业秩序、推动建立平衡车产品的国家和国际标准、增强中国平衡车产业的国际竞争力摇旗呐喊，充分发挥了行业协会的积极作用。经行业协会和一些企业与美国消费品安全委员会进行深入沟通，逐步实现了UL2272认证本地化，并推动UL2272认证标准朝着共同期望的方向进行完善和修订。

正如前文所述，在遭遇"亚马逊下架"封杀的3个月后，美国消费品安全委员会（CPSC）强制所有在美市场销售的平衡车必须执行UL2272安全标准，在背负这两座"大山"亍宁负重前行的诸多中国平衡车企业，又接连遭遇前所未有的3次重击：3~8月，不到半年的时间里，平衡车行业连遭3次来自美国的337调查，而这3次凶猛的337调查均申请了普遍排除令。

> 这3起均申请了普遍排除令的美国337调查，意味着针对的是整个中国平衡车行业。[1]
> ——商务部贸易救济调查局副局长刘丹阳

亚马逊下架、UL2272认证、美国337调查貌似三个孤立的事件，实则是有紧密联系的。亚马逊下架是由于专利和安全问题，美国337调查核心仍是专利技术壁垒，UL2272是从用户角度提出的安全和质量保证。换句话说，337调查和UL2272认证这两项背后的专利和产品质量问题是"因"，亚马逊下架是"果"。下面主要从337调查和UL2272认证这两个"因"进行探究。

---

[1] http://finance.sina.com.cn/roll/2016-09-03/doc-ifxvqctu6100291.shtml.

　　两军对垒勇者胜，不反击就意味着灭亡。在这3起337调查中，有一家企业承担起了中国平衡车行业的期望，这家手中有些专利、资金算不上很雄厚、团队算不上兵精将强的初创公司硬是挑起了主动应诉、奋起反击的大梁，这家企业就是骑客。

　　接下来，就从骑客必须面对的这3起美国337调查中最具代表性的一起（337-TA-1000）进行深入解读，其他两起美国337调查的一些相关情况也会在总体的应对策略里面提及。

一、美国337-TA-1000调查案过程

1.案件历程

　　美国337-TA-1000调查案从锐哲、英凡蒂和陈星2016年3月22日向USITC提交诉状开始，到2017年7月28日终止调查为止，一共经历了1年4个月。整个案件的审理历程见表4.1。

表 4.1　美国 337-TA-1000 调查案审理历程

案件历程	日 期	内 容
诉讼提交日期	2016-03-22	锐哲、英凡蒂和陈星向USITC提交诉状，指控中美28家企业出口和/或在美国销售的平衡车侵犯其专利US8738278，以及通过虚假广告和/或虚假或误导性陈述进行不公平竞争
立案日期	2016-05-20	USITC进行立案，案号337-TA-1000
不复审初始裁定结果	2016-07-12	USITC做出初裁，批准基于同意令而终止对Contixo和ZTO Store的调查
不复审初始裁定结果	2016-08-09	USITC做出初裁，判定GryoGlyder等9家公司缺席
不复审初始裁定结果	2016-08-11	USITC做出初裁，判定Joy Hoverboard等5家公司缺席

续表

案件历程	日期	内容
不复审初始裁定结果	2016-09-20	USITC做出初裁，停止调查权利要求9
马克曼听证会日期	始于2016-09-21；结束于2016-09-21	
不复审初始裁定结果	2016-09-27	USITC做出初裁，停止调查权利要求4
不复审初始裁定结果	2016-10-19	USITC做出初裁，批准基于同意令和和解协议而终止对InMotion的调查
不复审初始裁定结果	2016-11-27	USITC做出初裁，判定HoverTech等3家公司缺席
不复审初始裁定结果	2016-12-15	USITC做出初裁，批准基于正当理由终止对Genious的调查
不复审初始裁定结果	2017-01-30	USITC做出初裁，停止所有被告关于虚假广告和/或虚假或误导性陈述的调查
庭审	始于2017-02-13；结束于2017-02-17	
初步裁定	2017-05-26	行政法官裁定USITC对阿里巴巴没有裁决权；对骑客等积极应诉企业判定为不侵权；对其他缺席的企业判定为侵权，并建议颁布有限排除令和停止令；关于'278的专利，国内工业要求的技术方面并不满足
纠正初裁	2017-06-05	行政法官更正其初裁，认定由于锐哲没有满足国内产业的要求，所以被告没有违反337调控的行为
终止调查	2017-07-28	USITC对初裁做出复审，认定没有违反337条款的行为，终止调查

在此337调查案件中，USITC先后做出初裁，批准基于同意令而终止对Contixo和ZTO Store的调查；批准基于同意令和和解协议而终止对InMotion的调查；批准基于正当理由，因无法确认被告终止对Genious的调查。①

USITC的行政法官在最后一个初裁中裁定：

1）原告不能证明阿里巴巴是被告产品的拥有者、进口商或收货人的代理人，USITC对阿里巴巴没有裁决权。

2）对骑客等积极应诉企业判定为不侵权；对其他缺席的企业判定为侵权，并建议颁布有限排除令和停止令。

3）国内产业要求的技术方面，'278专利不符合要求。

原文如下：

granting complainants' unopposed motion to terminate the investigation as to their Lanham Act, common law, and state unfair and deceptive trade practices allegations under section 337(a)(1)(A).

On May 26, 2017, the ALJ issued his final ID and recommended determination ("RD") on remedy and bonding. The ID finds that Alibaba is not an agent of the other respondents and therefore is not within the jurisdiction of section 337. It also finds that none of the respondents' accused products infringe the '278 patent, but that all of the defaulting respondents' accused products infringe the asserted patent based on taking the allegations in the complaint as true. The ID also finds that the technical prong of the domestic industry requirement was not satisfied with respect to the '278 patent. The cover page of the ID/RD, however, states that a violation of section 337 was found, page 75 of the ID/RD states that a violation was found as to the defaulting respondents, and the separately issued "Notice Regarding Initial Determination on Violation of Section 337 and Recommended Determination on Remedy and Bond" (May 26,

6月5日，行政法官更正其初裁，认定由于锐哲公司没有满足国内产业的要求，所以被告没有违反337调控的行为。

USITC对行政法官的初裁做出复审，情况如下：

1）对USITC对阿里巴巴不具有管辖权的初裁不予复审。

---

① USITC 规定，双方可以通过达成和解协议以终止对一个或多个被告的调查，其中包括签订许可或者提交仲裁的协议。对一个或多个被告终止调查还应有同意令（consent order）。

2）维持该案应诉企业未侵权的初裁。

3）维持涉案专利不满足美国国内产业要求的初裁。

原文如下：

Having examined the record of this investigation, including the ID, the parties' petitions for review, and the responses thereto, the Commission has determined to review-in-part the final ID. Specifically, the Commission has determined to review (1) the ID's finding that the Commission has no jurisdiction over Alibaba; and (2) the ID's analysis regarding infringement by the defaulting respondents. The Commission has determined not to review the remainder of the final ID.

On review with respect to issue (1), the Commission determines to take no position on the ID's finding that the Commission has no jurisdiction over Alibaba. On review with respect to issue (2), the Commission vacates the ID's findings in the last paragraph on page 39 (and paragraph 5 on page 72, as well as the first sentence on page 83) that complainants have established that the defaulting respondents infringe the '278 patent. These respondents have been found in default by virtue of their failure to respond to the complaint and notice of investigation. See Comm'n Notice (September 7, 2016); Comm'n Notice (October 11, 2016). Commission's determination not to review the remainder of the final ID, including but not limited to the finding that the technical prong of the domestic industry requirement for the '278 patent has not been satisfied, the analysis under Section 337(g)(1) is moot.

The Commission therefore affirms the ID's finding of no violation of section 337 and terminates the investigation.

The authority for the Commission's determination is contained in section 337 of the Tariff Act of 1930, as amended, 19 U.S.C. 1337, and in part 210 of the Commission's Rules of Practice and Procedure, 19 CFR part 210.

By order of the Commission.

Lisa R. Barton
Secretary to the Commission

Issued:　July 28, 2017

2.涉案企业应诉情况

该案中原告一共指控了出口和/或在美国销售的平衡车的28家企业，其中包括10家中国企业和18家美国公司。该案中被控企业的应诉情况见表4.2。

表 4.2 337-1000 案被告企业的应诉状况

序号	公司名称（中文）	应诉情况
1	阿里巴巴集团	积极应诉
2	杭州骑客智能科技有限公司	积极应诉
3	美国 Contixo 公司	批准基于同意令而终止调查
4	美国 ZTO Store 公司	批准基于同意令而终止调查
5	美国 CyBoard 公司	缺席
6	美国 Genius Technologies 公司	因无法确认被告终止
7	美国 GyroGlyder 公司	缺席
8	美国 HoverTech 公司	缺席
9	美国 InMotion 公司	基于同意令和和解协议而终止调查
10	美国 IO Hawk 公司	缺席
11	美国 Jetson Electric Bikes 公司	积极应诉
12	中国 Joy Hoverboard 公司	缺席
13	深圳市凯贝科技有限公司	缺席
14	中国 Leray 集团	缺席
15	美国 Modell's Sporting Goods 公司	缺席
16	美国 Newegg 公司	积极应诉
17	美国 PhunkeeDuck 公司	缺席
18	美国 Powerboard 公司	积极应诉
19	深圳 Shareconn 公司	缺席
20	深圳市辰多星电子科技有限公司	缺席
21	深圳市九摩科技有限公司	缺席
22	深圳 R.M.T 技术有限公司	缺席
23	深圳市乔兴科技有限公司	缺席
24	美国 Skque Products 公司	积极应诉
25	美国 Spaceboard 公司	缺席
26	美国 Swagway 公司	积极应诉
27	美国 Twizzle Hoverboard 公司	缺席
28	美国 Uwheels 公司	缺席

值得警醒的是，所有中国制造和销售平衡车的被告企业中，只有骑客一家积极应诉！其余全部缺席！缺席的主要原因可能还是337调查所需高额的费用以及对判决结果缺乏信心。①

初裁中的原文如下：

The Notice of Investigation named 28 respondents. During the course of this Investigation, a number of respondents have been found in default.³ others have been terminated based on a consent order stipulation⁴ or for good cause.⁵ On August 9, 2016, the undersigned found Respondents GyroGlyder.com, Soibatian Corporation d.b.a. IO Hawk and d.b.a. Smart Wheels, Shenzhen Kebe Technology Co., Ltd., PhunkeeDuck, Inc., Shenzhen Jomo Technology Co., Ltd., Shenzhen Supersun Technology Co. Ltd. a.k.a. Aottom, Twizzle Hoverboard, and Uwheels in default.⁶ (See Order No. 14.) On August 11, 2016, the undersigned found five additional respondents in default - Joy Hoverboard a/k/a Huizhou Aoge Enterprize Co. Ltd., Shenzhen Chenduoxing Electronic Technology Ltd., Shareconn International, Inc., Shenzhen R.M.T. Technology Co., and Cyboard LLC a/k/a Shark Empire Inc.⁷ (See Order No. 15.) On October 27, 2016, the undersigned found Respondents HoverTech, Leray Group a.k.a. ShanDao Trading Co., Ltd., and Spaceboard USA in default.⁸ (See Order No. 24.) None of the Defaulting Respondents have contested Complainants' allegations that they have violated and continue to violate section 337. Hangzhou Chic Intelligent Technology Co., Ltd. ("Chic"), Swagway, LLC ("Swagway"), Modell's Sporting Goods, Inc. ("Modell's"), Powerboard a.k.a. Optimum Trading Co. ("Powerboard"), United Integral, Inc. dba Skque Products ("Skque"), Alibaba Group Holding Ltd. and Alibaba.com Ltd. (collectively, "Alibaba"), Jetson Electric Bikes LLC ("Jetson"), and Newegg, Inc. (collectively, "Respondents") are the only respondents who remain active in this Investigation.

①美国337调查的费用较高，一般在200万美元以上，最高可达2000万美元。这对于中国大多数的外贸企业而言绝非一笔小数目，这也是大多数中国企业在接受337调查时消极应对、放弃抗辩，最终被迫退出美国市场的重要原因之一。

在337调查程序中，被告如果不应诉，可能会被认定为缺席被告。一旦USITC就某一被告做出缺席裁定，原告在申请书中对缺席被告的指控将被认定是真实的，其可以向USITC提出对缺席被告立即采取救济措施。USITC可以在认为不影响公共利益的情况下，对缺席被告采取排除令、禁止令或两者并取。

二、骑客的应对策略

1.从专利权利要求的界定角度进行抗辩

原告陈星在USITC启动这起337调查的过程中，以权利要求语言存在错误为由，向美国专利商标局提交了再颁程序（reissue）的请求①，试图修改权利要求。

骑客律师认为，原告的这一举动说明涉案专利存在一定的问题。据此，骑客迅速做出反应，向USITC提交动议，要求原告在进行337调查和再颁程序之中二选一。原告放弃了再颁程序，选择继续进行337调查。随后，骑客正是利用了涉案专利暴露的相关瑕疵点，从专利权利要求的界定角度入手进行抗辩。

作为美国专利法中一项特殊的程序，简单地说就是重新颁发程序

---

① 专利再颁程序是美国专利授权后专利申请文件修改的一种方式。启动该程序，专利权人须递交一份再颁申请以及一份说明所要改正错误的誓词，要求对该专利申请文件中的权利要求进行再次审查，从而获得专利再颁以克服原专利申请文件中存在的缺陷。这意味着专利权人主动放弃原专利。与其他再审、重审等授权后专利审查程序不同，专利再颁申请无须第三人参与，而由专利权人自由提出，其主要特点为可以将说明书中的内容引入权利要求书中，以获得扩大范围的保护。

允许专利权人吃"后悔药"，一旦认为已授权专利含有瑕疵、撰写错误而可能导致该专利全部或部分无效时，权利人可申请"重新颁发"程序进行修正，专利局会在专利权人放弃原始专利之后，根据新修改的申请重新颁发专利。

| 人物访谈 |

　　一件在337调查案件中使用的重要专利居然在案子进展过程中以存在撰写错误为由申请重新颁发程序来替换原专利，获得一个新的专利，这是一把双刃剑。一方面，一旦新修改的专利无法获得授权，就相当于把自己原始专利的撰写错误或瑕疵公布于众；另一方面，一旦新修改的专利获得授权，就相当于337调查案件中所使用的唯一专利不复存在。

　　　　　　　　　　　　　　　　——时任骑客法务部主管李露

专利US8738278的权利要求1如下：

一种双轮自平衡车辆装置，包括：第一脚放置部和第二脚放置部，所述第一脚放置部和第二脚放置部彼此连接并且能够相对于彼此独立地移动；与第一脚放置部分相关联的第一车轮和与第二脚放置部分相关联的第二车轮，第一和第二车轮彼此间隔开并且基本彼此平行；配置为驱动第一车轮的第一位置传感器和第一驱动电机，配置为驱动第二车轮的第二位置传感器和第二驱动电机；以及控制逻辑，响应于来自第一传感器的位置数据驱动第一车轮朝着第一脚放置部分自平衡，以及响应于来自第二脚放置部的位置数据而驱动第二轮向第二脚放置部分自平衡。

暴露的"瑕疵"就是权利要求1的最后一个技术特征部分"以及响应于来自第二脚放置部的位置数据而驱动第二轮向第二脚放置部分

自平衡。

原始的审理过程如下：

证据表明，"脚部放置区"是骑手必须将脚放置在该区域上以操作设备的区域。证据进一步表明，被指控产品中的位置传感器不在此脚放置区域内，而是位于底部外壳。

骑客专家证人Nourbakhsh博士作证说："骑客Smart产品中的位置感应系统位于脚部放置区域的下方。在骑客Smart产品中，位置传感器包含在电子板上，该电子板上固定在设备轴向旋转的主腔内，并且远离脚部放置部分。"

Swagway专家证人Singhose博士同样证明，Swagway被控产品中的位置传感器位于用螺栓固定在产品框架底部的电子板上。另一方面，脚放置部分用螺栓固定在框架的顶部。Singhose博士在证词中包括一个说明他的观点的证明：为了进一步支持他的观点，Singhose博士测量了橡胶脚垫和位置传感器之间的距离，发现这两种方法测量的距离分别为13cm和5.5cm（见图4.1）。

值得注意的是，锐哲专家证人Richter博士没有反驳这一证据。在直接证词中，Richter博士提供了位置传感器的图片，但没有说明传感器相对于脚放置部分的位置。相反，他本质上承认传感器不在脚放置垫附近，但是他认为这无关紧要。因此，证据清楚地证明了位置传感器不在脚放置部分中。Richter博士未提供有关传感器相对于脚部放置部分的位置的任何证据。在没有此类证据的情况下，委员会发现锐哲未能证明控制单元从第二只脚放置部分接收了这些产品的位置数据。

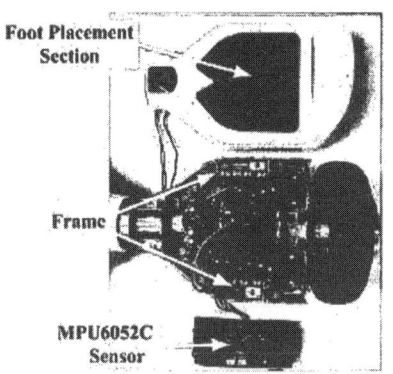

图 4.1 Singhose 博士提供的证据图示

最后，应该指出的是，专利权人已提出重新申请，并指出"控制逻辑"限制的最后一句错误地以术语"第二只脚放置部分"而不是"第二传感器"结尾。发明人的意图是传感器不必位于第二脚放置部分，也可以位于底部外壳中。如果以这种方式提出索赔，则证据表明该限制已得到满足。但是，法院必须"以实际的撰写形式对权利要求进行解释，而不是以专利权人希望的撰写方式对其进行解释"。因此，按照目前撰写的专利，委员会发现该技术特征没有被涉及，因为投诉人不能证明位置数据源自第二只脚放置部分。

最终认定部分原文如下：

Finally, it should be noted that the patentee has filed for a reissue application, noting that the last clause of the "control logic" limitation "erroneously ended with the term 'second foot placement section' instead of 'second sensor.'" (JX-0003.044.) Thus, it was the inventor's intention that the sensor need not be located in the second foot placement section and could, for example, be located in the bottom housing. If the claim was written this way, the evidence would show that this limitation was met. Courts must, however, "construe the claim as written, not as the patentees wish they had written it." *Chef Am., Inc. v. Lamb-Weston, Inc.*, 358 F.3d 1371, 1374 (Fed. Cir. 2004). Thus, as the patent is currently written, the undersigned finds that this limitation is not met because Complainants have not shown that the position data comes from the second foot placement section.

2.从国内产业要求角度进行抗辩

337调查的成立条件之一，是原告必须满足国内产业要求（domestic industry requirement）。国内产业要求包括经济方面和技术方面。其中，经济方面要求证明国内产业存在，具体规定了以下的经济标准：在工厂和设备上要有重大投资；在劳动力和资本上有重要的运用；在研发上有大量投资，包括建造、研发与许可。满足以上任一条件就达到了国内产业要求中的经济要求。而原告证明了经济方面的要求已被满足。

骑客等就国内产业要求的技术方面进行了抗辩。在技术方面，原告需证明其国内产品利用了专利权利要求中的一项或多项。就像证明其产品不侵犯US8738278的专利权一样，骑客指出，原告的Hovertrax产品没有利用权利要求1的技术方案，因此更不会用到其他从属权利要求。国内产业要求的技术方面不能得到满足，因此这起337调查缺乏基础，请求USITC终止调查。

争辩理由原文如下：

C. Domestic Industry – Technical Prong

Complainants assert that the Inventist Hovertrax, the Razor Hovertrax, Razor Hovertrax DLX 1.0, and the Razor Hovertrax DLX 2.0 (collectively, "Hovertrax products") practice claims 1-3 and 5-8 of the '278 patent. (CIB at 25.) Staff agrees. (SIB at 36-38.)

Respondents explain that "the accused and domestic industry products have similar design and functionality." (RIB at 29 (citing Richter, Tr. at 433, 459).)[21] Thus, Respondents do not set forth new arguments with respect to the technical prong, but rather assert that it is not met "[f]or the same reasons set forth above regarding non-infringement by the accused products." (Id. at 29 ("independently moveable"), id. at 30 ("from the second foot placement section"), id. at 32 ("coupled to one another"), id. at 33 ("control logic that [performs the claimed function]").)

最终由于上述原因，委员会认为Hovertrax产品没有实施'278专利的权利要求1。因为委员会已经发现Hovertrax产品没有实施独立权利要求1，更没有必要确定Hovertrax产品是否实施了从属权利要求2-3和5-8。

原文如下：

5. Conclusion

For the reasons set forth above, the undersigned finds that the Hovertrax products do not practice claim 1 of the '278 Patent. Because the undersigned has found that the Hovertrax products do not practice independent claim 1, it is not necessary to determine whether the Hovertrax products practice dependent claims 2-3 and 5-8.

3.对原告提起专利诉讼

通过对原告提起专利诉讼，效果就像"围魏救赵"一样。骑客在积极应诉此次337调查的同时，也在国内国外开展了专利反击战。在锐哲等提出337调查申请仅2个月后，手中仅有外观设计专利权的骑客毫不胆怯，迅速启动专利反击，2016年5月19日，骑客在美国加州中区联邦法院对锐哲提起专利侵权诉讼，声称其侵犯了骑客USD737723号外观设计专利。2016年8月24日，骑客将锐哲诉至加利福尼亚中区地方法院，声称其侵犯骑客US9376155号发明专利。

4.对原告专利发起无效请求

在国内，骑客来了一招"敲山震虎"。骑客向专利复审委员会请求宣告美国337-TA-1000案涉案专利对应的中国实用新型专利（专利号201320128469.4）无效（见图4.2）。2016年7月1日，专利复审委最终做出复审决定，宣告陈和的该项专利权全部无效。

中华人民共和国国家知识产权局

400700

重庆市北碚区朝阳路 58 号 4-3-4 室
陈和

发文日：

2016年07月01日

| 申请号或专利号：201320128469.4 | 发文序号：2016062800462090 |

案件编号： 5W109586

发明创造名称： 两轮电动车

专利权人： 陈和

无效宣告请求人： 杨玉妹

无 效 宣 告 请 求 审 查 决 定 书

（第 29425 号）

　　根据专利法第 46 条第 1 款的规定，专利复审委员会对无效宣告请求人就上述专利权所

提出的无效宣告请求进行了审查，现决定如下：

☒宣告专利权全部无效。

☐宣告专利权部分无效。

☐维持专利权有效。

　　根据专利法第 46 条第 2 款的规定，对本决定不服的，可以在收到本通知之日起 3 个月

内向北京知识产权法院起诉，对方当事人作为第三人参加诉讼。

　　附：决定正文 7 页(正文自第 2 页起算)。

合议组组长：魏屹　主审员：谢杨　参审员：李华　　　　　　　　专利复审委员会

201019　　　纸件申请，回函请寄：100088 北京市海淀区蓟门桥西土城路 6 号　国家知识产权局专利复
审委员会收
2014.11　　　电子申请，应当通过电子专利申请系统以电子文件形式提交相关文件。除另有规定外，以纸
件等其他形式提交的文件视为未提交。

图 4.2 专利 201320128469.4 的无效宣告决定书

| 人物访谈 |

美国与中国的专利法虽然是完全不同的两个体系，但如果发明的技术内容是一样的，中国专利出现的问题或多或少也会在美国对应的专利中有所反映。虽然从专业的法律角度而言，中国的实用新型被无效了，对美国的'278专利的直接影响不一定有，但间接影响可能是会有的。

——时任骑客法务部主管李露

正如第三篇所述，在美国337-TA-1000之后，紧接着又发生了针对平衡车的337调查。2016年5月18日，纳恩博和赛格威以及德卡，三方将包括Inventist Inc.在内的6家美国电动平衡车企业告上USITC，申请对这些企业专利侵权的行为展开337调查。该案已经于2016年6月24日正式立案，案件号为337-TA-1007。这起调查虽然表面上不涉及中国企业，但由于平衡车的产业链几乎都在中国，且对方申请了普遍排除令，排除令针对的是侵权产品而非具体公司，最终真正受打击的仍是中国平衡车企业。更严重的是，中国企业不在被告名单中，甚至根本没有自我辩护的权利和机会。

很快，骑客和纳恩博公司沟通后，主动要求加入该起337案的被告名单中。骑客申请加入被告并取得纳恩博同意后，在案子立案的第二天，纳恩博向USITC提交了一份诉状修改，在被告名单中另外增加了几家中国平衡车生产商。然而，法官最终作出了一个出人意料的决定，没有同意纳恩博增加被告名单的请求，也并未给出任何理由。2016年8月16日，距离1007案提出3个月后，纳恩博、赛格威及德卡再次共同向USITC提交337调查申请（337-TA-1021案），指控来自中国、美国、土耳其和荷兰4个国家共13家企业专利侵权，申请

USITC发布普遍排除令及禁止令，并请求此案与1007案合并审理。在涉案的6家中国企业中，骑客"如愿"出现在被诉名单中。

最终针对美国337-TA-1007/1021两起调查案，骑客均获得了胜诉。上述3起337调查的胜诉，不仅给中国平衡车行业提振了信心，同时也给骑客带来极高的声誉和实实在在的实惠。

┃人物访谈┃

3起337调查案是否会对骑客产生不利影响？

目前为止，案子不仅对公司销售方面未产生不利影响，反而多了一些正面作用。从前骑客在国外并没有很高的知名度，但因为两起337案，我们硬挺着打官司，反而给骑客打出了响亮的名声。刚开始会觉得337调查是一场可怕的危机，现在看来也许是一个机遇，我们就是要让业内知道，骑客真的有技术有专利，真的敢去打这个官司。而且随着337案的胜诉，骑客的专利获得了更多的许可机会。

——时任骑客法务部主管李露

至于纳恩博为什么会冒天下之大不韪，在并购美国赛格威公司（Segway）之后调转枪口，对国内企业发起美国337调查，一时间众说纷纭。但从商业的角度，纳恩博并购Segway的时候引入大量的民间资本，资本的出发点肯定是逐利的。说白了，337调查也是一种商业上的竞争工具，有时337调查的胜败都不一定是发起方最关注的问题。

┃人物访谈┃

我们在美国发起337（调查）主要是出于商业上的考虑，而且我们认为它的基本商业目的已经达到了。337诉讼带来的效益不能单单由最终判决去决定，中间整个过程管控也很重要，在整个337诉讼过程中，我们还利用几十起在美国地区法院的专利诉讼作为配合，和很多被告都进行了谈判、和解甚至完成了一些专利对外许可。比如，通过337诉讼，我们和某美国公司达成了金额较高的专利交叉许可，还促成了和一些友商的深度合作。

——纳恩博知识产权部总监张飞弦

三、阿里巴巴的应对策略

阿里巴巴在答辩时进行了反驳，认为阿里巴巴并没有销售或进口被控侵权产品，针对"代理机构"这一点作出了抗辩，证明USITC对阿里巴巴没有管辖权。主要应辩重点为：原告不能证明阿里巴巴有进口、为销售而进口或进口后销售的行为以及证明阿里巴巴能够控制被控侵权行为等。[①]

1.阿里巴巴不能控制被控侵权行为

阿里巴巴指出，当原告试图将其他方的侵权行为归因于网上市场时，原告必须有事实证据来证明这个网上市场对被控侵权者有足够的控制权。而阿里巴巴在以下四个方面"没有控制权"：

①阿里巴巴对买方和卖方之间处理付款没有控制权。

②阿里巴巴对提供检索结果和链接引向侵权产品没有控制权。

---

① https://mp.weixin.qq.com/s/sBzUwbjKz84aXfXBgUh4wQ.

③阿里巴巴对是否具有财务激励或对卖方施加财政压力的能力没有控制权。

④阿里巴巴对是否具有停止合作关系的能力没有控制权。

阿里巴巴还指出，在之前涉及阿里巴巴的便携式电子设备保护套337调查案（337-TA-861）中，USITC（美国国际贸易委员会）最终也判定阿里巴巴不应被控告为侵权方，因为阿里巴巴仅仅是"其他企业在网上销售产品的平台"。

所以，在337-1000调查中，USITC对阿里巴巴是否有管辖权的问题，并不在于阿里巴巴是不是被控侵权销售商的代理机构，而在于阿里巴巴能否足够控制销售和出口行为。而原告并没有提供足够的证据来证明阿里巴巴具有这种控制权。

2.阿里巴巴没有进口和销售行为

与亚马逊等网上平台相似，阿里巴巴也有一份协议《Free Membership Agreement》，在这份协议中阿里巴巴明确声明，阿里巴巴与销售方是独立的合同方（contractors），没有成为代理商或合伙关系。原告不能证明阿里巴巴与销售方不是协议中表述的这种关系。

原告指控阿里巴巴主要是依据交易是在阿里巴巴平台上完成的，付款使用了支付宝（Alipay）。对此，阿里巴巴反驳如下：首先，法院规定第三方在平台上展示的内容不能作为指控平台有控制权的依据，并且阿里巴巴的协议强调了销售方对所展示内容负有全部责任，阿里巴巴没有责任。其次，用支付宝来进行交易也不能作为指控平台有控制权的依据。支付宝提供的服务就像是信用卡公司提供的服务，为解决借贷而处理支付和提供额外服务不能视为具有对侵权行为的控制权。同理，AliSource和AliSource Pro（阿里巴巴的采购直达服务平台）也不能视为控制侵权。所以，原告不能证明阿里巴巴是代理机构。

阿里巴巴指出，原告声称阿里巴巴在物质层面直接参与了进口、为进口而销售或进口后销售的行为。对此，阿里巴巴反驳如下：原告提供的"运输协议"是由买方和卖方签订的，原告并没有提供表明阿里巴巴进口被告产品的具体事实证据。

此外，原告不能证明阿里巴巴为进口而销售，因为阿里巴巴不是销售者，并且阿里巴巴的服务不会对进口或销售的行为有控制权。

知识链接

1.如何避免成为337调查的被告？

337调查的立法目的是限制进口贸易中的不公平行为。许多企业由于不知情或缺乏知识产权保护意识而成为337调查的被告。在生产经营和对外贸易活动中，对美出口企业可以采取以下预防性措施，避免成为337调查的被告：

1）在生产对美出口产品时，先初步调查美国同类产品中是否适用相同或类似专利、外观设计及商标；如果发现有可能侵犯美国公司专利权的情况，则应及时对产品进行修改，以免侵犯知识产权。

2）在接受进口商委托生产对美出口产品的订单时，在委托加工合同中加入关于知识产权侵权纠纷的免责条款。

3）生产或出口前委托有关中介组织进行检索，减少侵权的可能性。

4）委托律师出具出口产品不构成知识产权侵权的法律意见书。

2.如何合理降低应对337调查的成本？

337调查应诉费用数额庞大，一般在300万~600万美元。主要成本包括律师费、专家证人费、资料翻译费、差旅费等。其中律师方面，必要时可以聘请懂中文的国外律师；资料翻译方面，可以寻找专业的在校大学生；资料尽可能在国内打印。此外，尽可能联络多家企业联合起来共同承担应诉成本。骑客当时为了省钱，基本上所有的文件资料都在中国打印，还专门从一家外贸学院请了两个英语8级的学生来负责翻译工作。

3.如何挑选律师和组建应诉团队？

一般来说，337调查案件的律师费用总体较高。企业可以从以下几个方面控制律师费用的总体支出：①合理搭配律师团队的构成，如一名337调查案件律师、多名专利律师及数名初级律师；②选择在中国设有办事处的外国律师事务所，减少与外方的沟通和翻译成本。在打337调查官司的时候可将团队分成四组，第一组专门应对USITC的法官，第二组专门在地方法院无效对方的涉案专利，第三组专门和企业对接，第四组负责整体统筹协调。

4.应对美国337调查的最直接策略有哪些？

（1）宣告对方专利无效策略

倘若申请美国337调查的申请人的专利被宣告无效，相关专利就像"釜底抽薪"一样失去了申请的权利基础。专利无效是指相关专利不满足新颖性、创造性、实用性、专利说明书将技术方案进行了公开充分等要件，缺乏上述任何一个要件，被告都可以向USITC请求判定该专利无效。

（2）不侵权抗辩策略

不侵权抗辩包括现有技术抗辩、被诉侵权产品不在对方专利权利主张的保护范围之内从而主张没有实质侵权行为的抗辩。骑客在337-

TA-1000的主要抗辩理由就是不侵权抗辩。实践中存在较多的仍是没有实质侵权行为的抗辩，即被诉产品没有满足相同侵权原则或等同侵权原则的条件。除此之外，在337调查中，对相关专利的权利要求进行解释时，被告要积极为USITC解释权利要求提供建议，争取USITC作出于己有利的权利要求解释。

（3）基于其他理由的抗辩

被告还可以对申请方提出不正当行为之抗辩以及滥用专利权之抗辩。所谓不正当行为，包括专利权人违反了禁止反悔原则，即指在专利审查的过程中，专利申请人为区别现有技术而放弃的内容，在侵权诉讼中又以使用等同原则的方式重新纳入受保护范围，或者是专利权人在申请专利的过程中，故意向专利局做误导性陈述或隐瞒某些重要信息。如在337-935调查中，被告InMotion、Ninebot等根据禁止反悔原则进行了抗辩。滥用专利权之抗辩，是当专利权人以自己拥有专利为前提，强迫他人在获得自己专利授权的同时必须购买或使用非专利产品，从而获得超额的垄断利益。

（4）证明美国产业不存在或救济措施损害公众利益

原告提起337调查的条件之一，是证明其已经在美国设立了受该专利"保护的有关产品"的产业，或证明该产业正在设立过程中。对此，USITC一般以申请人是否正在实施所涉及专利以及是否进行了重大或实质性的商业开发为依据进行判断。此外，USITC在发布救济措施时，还可能会考虑救济措施对公众利益的影响。在337-935调查中，美国InMotion等公司指出原告不能证明国内产业存在，不能证明国内产业的成立与原告的专利有关，也没有证明原告及其许可人在专利相关的主题上有大量的工厂、设备、劳力和资金投入。美国InMotion等公司还认为原告的救济措施会损害公众利益、美国经济的竞争条件以及美国消费者的权益。[1]

（5）必要时申请加入被告行列

有些337调查看起来不涉及企业自身，针对的是侵权产品而非具体公司，但如果对方申请的是对本行业的普遍排除令，那么整个产业链上的企业都很难独善其身，最终真正受打击的则仍是整个行业，当然包括所有相关企业。如果企业自身不加入被告名单中，甚至连自我辩护的权利和机会都没有。

5.应对美国337调查的间接手段有哪些？

（1）利用规则争取充分的应诉准备时间

在337调查中，答辩时限非常严格。申请人可以提出延长答辩期限的动议，提出理由可以是涉及问题众多或异常复杂、申请书由于技术原因延期送达或者被申请人未能及时得到申请书等。延迟申请一经批准，答辩时限可能被允许延长1~3个星期。在337-935调查中，美国InMotion公司、纳恩博和易步等都提起了延长期限的动议，为答辩争取了更长的时间。

（2）必要时可通过和解或同意令终止调查

在337调查中，经过分析，被告如果认为成功抗辩的概率不高，或者经过抗辩也极可能被认定为侵权，还可以通过签订和解协议或通

---

①美国国会1988年修正案19 U.S.C. § 1337（a）（3）这样规定：

"……对于受到美国注册专利、版权、商标、外包装或者设计有关保护的产品而言，在达到以下几个条件的情况下，一个美国国内产业应该被认为是存在的：

（A）显著的工厂和设备投资；

（B）显著的劳动雇佣或者资本投入；或者

（C）在开发上的实质性投资，包括工程设计、科研开发或者技术授权等。"

过同意令来解决争议。和解协议的让步通常可以包括：在美国停止进口或销售侵权产品；放弃对被告专利的无效或其他知识产权指控；希望原告获得专利授权许可等。

被告通过和解或同意令可以避免因为败诉而丢掉整个美国市场。积极与原告交涉，可以以较小代价解脱困境，把损失降到最小。在337-935调查中，美国InMotion公司和易步都和原告达成了和解，只需要涉案产品退出美国市场，但他们有不牵涉赛格威专利的产品在海外市场销售。

（3）第一时间发表表明自己的立场和相应行动的声明

337调查多涉及专利侵权问题，应诉工作的专业性和技术性因素很强。不管被告企业是否决定应诉，原告都要尽可能利用广泛的渠道表明自身重视研发和知识产权的态度，迅速向外界或有关购买方发表声明，表明自己的立场和相应行动，从而影响涉案产品的现有或潜在的使用者或购买方。

四、UL2272认证技术壁垒的突破

1.成立中国机电产品进出口商会电动平衡车分会

在中国平衡车行业发展极其困难之际，2016年8月30日，中国机电产品进出口商会电动平衡车分会成立（会议现场照片见图4.3）。成立平衡车分会可以共同应对国际技术壁垒和贸易摩擦，规范行业秩序，推动建立平衡车产品的国家和国际标准，增强中国平衡车产业的国际竞争力。

图 4.3　中国机电产品进出口商会电动平衡车分会成立会议现场

　　成立机电产品进出口商会电动平衡车分会是顺应平衡车产业的发展趋势和平衡车企业的迫切需求，可以凝聚业内企业通力合作共同推动平衡车产业的健康发展。①

——中国机电产品进出口商会会长张钰晶

　　成立电动平衡车分会得到了行业内企业和各级相关政府部门的高度重视，中国商务部贸易救济调查局、海关总署、国家质量监督检验检疫总局、国家知识产权局、中国工业设计协会等单位的相关领导参加了成立大会。加入平衡车分会企业超过60家，会员企业包括检测、认证机构，整车、零部件主营企业。

---

① http://www.msweekly.com/show.html?id=73085.

2.与美国消费品安全委员会深入沟通

在中国商务部协助下，美国消费品安全委员会（CPSC）对中国平衡车生产厂家进行了考察，发现平衡车爆炸等问题均来源于山寨企业。

2016年3月，CPSC邀请骑客公司赴美国就平衡车原理、性能、质量控制进行深度交流，消除美国消费者对于平衡车存在的一些误解和恐慌。

2016年12月8日，中国机电产品进出口商会电动平衡车分会应国家质检总局邀请，参与中美电动平衡车质量安全电视电话会议，代表中国平衡车行业向美国CPSC提交了有关UL2272标准执行和实践存在的技术问题、降低UL认证收费的要求。

2017年3月28-29日，平衡车分会联合CPSC，组织会员企业在杭州召开"平衡车进出口安全工作会议"。会议期间，CPSC专家考察了杭州骑客智能科技有限公司平衡车生产基地，与现场管理人员交流了生产线品质管控；参观了平衡车主要零部件实验室——浙江省检验检疫科学技术研究院，了解平衡车产品供应链质量管控。

2017年3月16日，美国发生电动平衡车充电爆炸导致两名女童身亡事故，事件引起CPSC高度关注，表示不排除提起美国进口平衡车临时禁止令。分会秘书处及时与CPSC沟通，并积极配合事故调查工作，及时组织行业企业召开平衡车进出口安全工作会议，会后CPSC专家考察了杭州骑客公司的平衡车生产工厂、分会审定的平衡车零部件实验室——浙江省检验检疫科学技术研究院（实验室）（见图4.4），了解行业品质管

图4.4 美国消费品安全委员会（CPSC）专家考察中国某平衡车生产工厂

控体系，成功游说CPSC暂停发出美国进口平衡车临时禁止令，确保了我国平衡车产品出口美国市场的正常销售。

3.逐步实现UL2272认证本地化

经过与UL公司和CSA集团[①]的深入沟通，UL2272认证工作可以在这两家机构在中国的合作方开展，这大大提高了UL2272认证效率。

广东质检院的技术专家在UL2272认证标准出台的半年中，深入解读了平衡车电气系统标准UL2272和轻型电动车用电池标准UL2271，并搭建优良的测试平台，为实现本地测试与认证提供可能。CSA集团电动平衡车认证技术专家按照ISO17025实验室规范对广东质检院实验室进行严格审核，认为其测试能力完全覆盖

UL2272、UL2271、CSA E62133和UN38.3标准要求。2016年4月8日，广东质检院被CSA集团授予CSA APT（Authorized Program-Testing）认可实验室资质（见图4.5）。[②]

图4.5　广东质检院被CSA集团授予认可实验室资质现场照片

[①] CSA集团成立于1919年，作为美国及加拿大政府机构认可的最大的测试与认证机构之一，其认证的产品广泛在美国和加拿大销售并安全使用。CSA集团也开启了电动平衡车符合美国新安全法规UL2272认证方案，意味着通过CSA按照UL2272标准认可的电动平衡车将顺利敲开进入美国市场的大门。

[②] https://mp.weixin.qq.com/s/EgWXacnwAbAgYlCECNwuyw.

4.推动UL2272认证标准的修订

在UL2272认证标准的历次修订中，中国企业如骑客、纳恩博等都深度参与其中，逐步提升了该认证标准的可实施性。

UL2272于2016年2月3日颁布，在经过结构评估、安全测试以及针对UL2272标识、标签和产品操作说明的合规等一系列严格的测试和评定后，最终纳恩博的平衡车被确认符合所有安全标准，成为全球首个通过UL2272电动平衡车安全标准测试的平衡车企业。

在UL2272认证标准公布的半年之内，已经有纳恩博、骑客、创鑫等6家企业通过美国UL2272标准验证测试，并将陆续获得授权在产品上加施UL（美国保险商实验室的简称）标识。截至2016年年底，已有数十家平衡车企业通过美国UL2272标准验证测试。

结 语

凡事预则立，不预则废。在面对美国337调查的时候，如果能够提前预知并早做准备，胜诉的概率还是很高的。天下大事，具作于细。被诉企业可以从细微处着手，构建合适的应诉团队，分析对手的专利漏洞，胜败也未可知。大浪淘沙，适者生存，骑客和纳恩博两家平衡车企业的专利成功之道值得其他企业学习。在遇到专利危机的时候不仅要练内功，还要应时顺势，有所作为。

对于国外的一些技术性认证标准，要用好行业协会的力量，保持谈判中的地位和姿态。事在人为，要学会以柔克刚，引进来，跟上去，再做改变和调整。

第五篇

格局渐定

长风破浪会有时，直挂云帆济沧海。

——李白

不管是亚马逊平衡车下架还是美国消费品安全委员会推出的UL2272认证，主要诱因都是中国平衡车整个行业出了问题。美国337-TA-935和337-TA-1000两起调查除了专利方面的因素，很大一部分原因也是中国平衡车行业的爆炸式发展给美国相关企业造成了巨大冲击。这3个看似不关联的事件，其实都是美国相关方利用当时中国整个平衡车行业暴露出来的引起诸多不安全事件的问题，从各个层面制定针对中国平衡车出口企业的技术性贸易壁垒。

那么，我国平衡车产品出口企业如何走出技术性贸易壁垒的困境呢？自然还得将整治整个行业作为突破口。

一、组建专利联盟

专利联盟是企业之间基于共同的战略利益，以一组相关的专利技术为纽带，联盟内部的企业实现专利交叉许可或相互优惠使用彼此的专利技术，也可以统一对外进行专利许可而形成的联盟组织。

1.专利联盟的积极作用

专利联盟可通过整合产品制造时必需的专利，消除联盟内部企业在生产销售该产品时可能面对的技术障碍和技术壁垒。还能够通过整合互补技术的方式，避免各企业利用专利相互掣肘、产品质量无法提升的现象，最终实现联盟企业间共赢。外部企业可以和联盟整体通过谈判的方式一次性获取全部专利的许可，从而避免重复谈判产生的交易费用。

2.专利联盟构建与运营方式

在专利联盟的组建和运营过程中，应当充分利用行业协会的力量。首先，行业协会面向行业的所有企业，具有一定的公信力。专利联盟利益集团内部的关系，有时只有行业协会来协调和理顺。另外，行业协会通过建立专利联盟，可以先在小范围建立公平、完善的行业规则，随着影响力的扩大，逐渐在行业内营造有序、良性的竞争环境，进而提高行业协会的影响力。因此，行业协会必定是专利联盟、标准组织发展的最重要的推手。

　　亚马逊下架事件刺痛了中国平衡车企业在知识产权保护方面的神经和痛点，平衡车制造企业必须重视知识产权和专利技术的申请保护，知识产权联盟需尽快成立，同时可以向政府相关部门寻求帮助。①

——深圳市知识产权局促进处处长陈民钢

　　专利联盟顾名思义是以专利作为联盟为基础的，因此，自然而然地就有专利池伴随着专利联盟的成立而构建。专利联盟的许可模式主要有两种：其一，内部交叉许可模式，交易各方将各自所拥有的专利权、专利技术的使用权互相许可，互为专利权与专利技术的供给方和受让方；其二，混合许可模式，即内部采用交叉许可模式的同时，统一对外进行专利许可。

3.中国平衡车企业组建专利联盟的历程

　　2015年12月，早在成立专利联盟之前，就有针对平衡车产业的中国平衡车产业联盟成立。该联盟由中国产业发展促进会牵头，在研发、专利布局、生产、销售等方面极具实力的纳恩博、乐行、新世纪、易步、IPS、骑客、快轮7家企业加入。

　　2016年3月中国电动自平衡车联盟成立。该联盟由英凡蒂科贸有限公司主导，首批理事单位包括江西迪安、浙江璐琪、深圳辰多

---

① https://www.gg-lb.com/asdisp2-65b095fb-20945-.html.

星等多家平衡车企业。同日，陈星的SoloWheel亚太独家代理商英凡蒂公司将自平衡式两轮独轮车专利授权给联盟企业。但是该联盟只是基于SoloWheel对外许可专利（自平衡式两轮电动车专利ZL201110435720.7）的目的建立的，被许可方并没有提供专利出来，所以说，该联盟不是严格意义上的专利联盟。

2016年8月，由广东省电动车商会联合广东省优秀平衡车企业车小秘、乐行、九摩等十多家平衡车生产厂家在深圳市宝安海上田园联合发起了全球首个平衡车专利池联盟，并发布了专利联盟决议（见图5.1）。[①]

关于广东省电动车商会
平衡车分会专利联盟决议

平衡车是近年来迅速发展起来的一款环保、时尚、智能的新型代步工具，在其发展之初就迅速风靡全球，然而，随着平衡车的飞速发展，专利纠纷已成为了制约行业发展的最大拦路虎。为推动平衡车产业持续健康的发展，广东省电动车商会平衡车分会前期联合行业有志于为平衡车产业长远发展而努力的企业成立专利联盟，共同推进平衡车专利池建设，并已初步取得了成效。

现今加入专利联盟的企业共有15家，专利池中现有专利共有　　　　300多项，其中发明专利有5项，实用新型有120多项，外观专利有145项。经广东省电动车商会平衡车分会专利联盟成员开会讨论，形成如下决议：

1. 专利联盟所有工作以产业大局为重，任何专利纠纷不得影响产业的长远发展。

2. 专利联盟内成员均需将专利纳入到专利池中，专利相互授权，形成资源共享，共同推动产业的发展。

3. 当联盟内企业遭遇专利纠纷时，联盟企业一致对外，共同进退。

专利联盟成员将共同谋求广东板块的核心发展利益，凝聚广东板块众多企业的力量，在尊重知识产权的基础上，不断提升企业的研发能力，并对产业专利进行布局及倡导资源共享，共同应对国内外专利纠纷问题，最终实现产业持续健康发展。

广东省电动车商会平衡车分会
2016年8月28日

图 5.1　广东省电动车商会平衡车分会专利联盟决议

---

① https://mp.weixin.qq.com/s/N1FHXITg0ToJAebM6ZOsTQ.

现今加入该专利联盟的企业有深圳乐行天下科技有限公司、东莞市车小秘智能科技有限公司、深圳市轻迈车业有限公司、深圳市鳄鱼平衡车有限公司、深圳九摩科技有限公司、深圳市太武国际科技有限公司等15家优秀企业，专利池中现有专利300多项，其中发明专利5项，实用新型160多项，外观设计专利148项。该联盟的所有成员共同对外发布了"产品品质承诺书"（见图5.2）。

产品品质承诺书

　　为维护国家声誉，维护平衡车行业整体利益，保障消费者的生命安全，让中国制造不再是"中国炸弹"，广东省电动车商会平衡车分会各会员企业一直以来坚持诚信经营、注重创新，依照《中华人民共和国产品质量法》和国家、省市有关部门关于保护知识产权、加强行业自律等规定，在从事平衡车研发、生产、销售、服务及相关的行业活动中，注重安全生产与品质创新，并在此作出如下承诺：

　　1. 共同维护中国制造的声誉，在国内外重塑行业品牌形象。
　　2. 产品依照国际或国内标准进行检验，产品合格后方可予以出厂。
　　3. 坚持采购符合标准要求、有品质保障的优质配件。
　　4. 坚持建立完善的产品质量管理体系和售后服务体系，加强内部管理和质量管控。

　　特此承诺，请商会平衡车分会各会员企业相互监督。

图5.2 广东省电动车商会平衡车分会专利联盟成员发布"产品品质承诺书"

目前平衡车行业存在专利纠纷频发、产品质量参差不齐、行业标准缺失等问题。企业和行业必须高度重视专利和其他知识产权保护，加强产品品质管控，联合起来抵制国外势力的打压。为此，乐行天下将拿出公司所拥有的114项专利与行业共享，呼吁业内同行共同加入建立专利池，化被动为主动，共同提高行业的发展水平。[①]

——深圳乐行天下科技有限公司副总裁苗丹

---

① https://www.gg-lb.com/asdisp2-65b095fb-20945-.html.

4.平衡车企业专利联盟专利池构建的思考

但是，由广东省电动车商会发起的平衡车专利联盟中入盟的企业手中掌握的有关平衡车产品所必需的专利不多。该专利联盟只是企业间内部专利交叉许可，仍然不能化解平衡车产品"必要专利"所构成的技术壁垒。

也就是说，要建立真正有实际价值的专利池，还需具备专利组合上的完整性与功能上的完备性，这样的专利池的有效专利应由障碍型专利或互补型专利构成，而不能包含竞争型专利，有效的障碍型专利及互补型专利应当为制造某类平衡车产品所必需的必要专利。理想状态下，比如用陈星涉及两轮平衡车早期的基本专利加上骑客针对两轮平衡车的一批核心专利，可以组建针对两轮无杆平衡车——扭扭车产品的专利池（见图5.3）；也可以由Segway的专利组建针对两轮带杆平衡车产品的专利池；或者由上述三方组建针对所有两轮平衡车产品的专利池（见图5.4）。

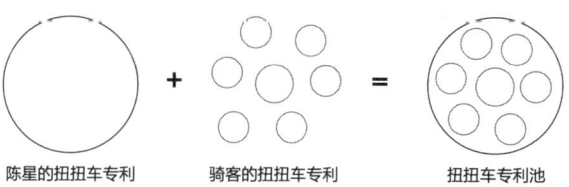

图 5.3　理想中的扭扭车专利池

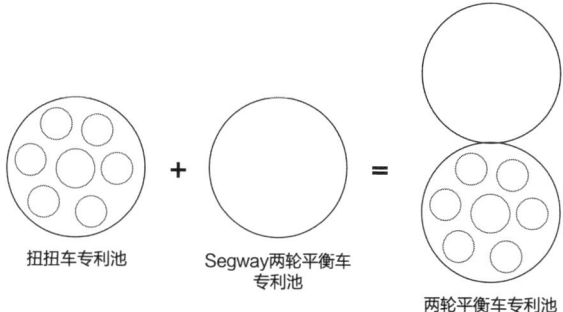

图 5.4　理想中的两轮平衡车专利池

正是基于上面的考虑，2017年8月，由广东省电动车商会组织，深圳天轮科技有限公司（陈星扭扭车专利授权方）、杭州骑客智能科技有限公司、深圳市佳利科电子有限公司、深圳市硕颖智联科技有限公司、深圳市九摩科技有限公司、深圳市四驾马车科技实业有限公司、东莞车小秘智能科技有限公司、深圳市飞沃智造科技有限公司、深圳车泰斗科技有限公司、深圳市易联科电子有限公司、深圳市自由侠电子科技有限公司等11家单位就中国平衡车行业成立中国平衡车专利联盟事宜在深圳召开座谈会（会议现场照片见图5.5）。①

图 5.5 成立中国平衡车专利联盟会议现场

中国的平衡车产业目前产品的核心专利以及全球95%以上生产都在国内，联盟的成立将有助于维护知识产权，梳理行业发展乱象，使得众多平衡车企业在国外市场上拥有更多的话语权，联盟旨在以专利为纽带，构建专利相关方抱团维护行业利益，形成优质企业抱团开拓国际市场的新局面。②

——广东省电动车商会秘书长蓝世有

据了解，当时各参会单位已经对专利池未来的牵头运营单位、专利池中相关专利授权方案等进行了研讨，可惜的是，虽然前后经过三

---

① https://mp.weixin.qq.com/s/XnlXV0lgU9mMZdSJX9IBKA.

② https://news.qichacha.com/postnews_d25b1fcd0492fece926b4aedee6e51b9.html.

轮研讨，针对平衡车专利池的构建工作仍是无果而终。中国平衡车行业错失了一次很好的发展机遇。

有业内人士认为，阻力主要来自于骑客。可能的原因是骑客认为专利池的收益分配存在问题。这也正是传统的专利联盟中的利益冲突形式之一，专利联盟成员之间的合作往往针对专利许可费用分配展开博弈。同时，实际运作过程中未知利益的诱惑、机会成本的衡量也可能使专利联盟的纽带瞬间瓦解，比如一方突然找到了可以无效掉对方专利的证据等。

┃ 人物访谈 ┃

为什么平衡车产业的这个专利池始终没弄起来？

行业对成立专利池的呼声很大，商务部贸易救济局、海关总署都很支持，但是几经讨论，都要成立专门运营这个专利池的公司了，最终也没弄成。主要原因是拥有平衡车核心专利的这几家公司，对于入池专利的利益分配一直谈不拢。

——中国机电产品进出口商会副秘书长兼办公室主任刘永强

在行业发展的过程中，广东省电动车商会作为全国范围内最早涉足平衡车产业的行业组织，为了推动平衡车产业的健康发展，由广东省电动车商会牵头组织深圳天轮、杭州骑客等11家有核心知识产权及行业龙头企业共同商讨中国平衡车专利联盟成立事宜。由于各方考虑角度不一，再加上专利池组建和运营经验欠缺，虽经商会全力推动，联盟历经三次筹备会议，最后因各方无法达成一致导致无果而终。

——广东省电动车商会秘书长黄建军

也有业内人士认为，主要是骑客认为陈星的扭扭车专利没有覆盖到自身的扭扭车产品。因为陈星的中国实用新型专利（专利号201320128469.4）已被无效，美国的'278专利美国国际贸易委员会（USITC）也没判骑客侵权。骑客可能是这么认为的，如果美国的专利将来也被无效掉，那么扭扭车的专利池就以骑客为主了（见图5.6）。

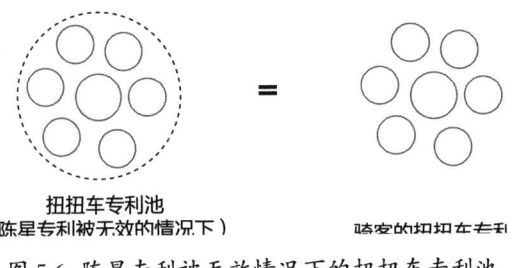

扭扭车专利池
（陈星专利被无效的情况下）

骑客的扭扭车专利

图 5.6 陈星专利被无效情况下的扭扭车专利池

我国很多行业与平衡车行业的情况类似，有很多行业专利联盟的成功经验很值得借鉴和推广，比如顺德电压力锅专利联盟。

顺德电压力锅专利联盟的成功经验[1]

中国科学院王永光教授1991年发明"全密封自动多功能电烹锅"，该专利获得授权后，加速了电压力锅产品的产业化和市场化。美的集团2004年巨资获得王永光发明专利的独家许可等权利，进军电压力锅制造业，不到两年便占有国内三成以上的市场。

2006年顺德成为全国最大的电压力锅生产基地，占全国市场份额的60%以上。另一方面，市场上冒出100多家生产企业，不但涉嫌侵犯知识产权，而且部分企业生产条件较差，欠缺必要的安全

① http://www.chinaipmagazine.com/news-show.asp?id=9550.

标准，存在严重的安全隐患。这些企业盲目压价经营，造成行业内耗和恶性竞争，不仅危害行业发展，也损害消费者的权益。

作为专利的独占许可方，美的开始向相关企业提起专利诉讼，顺德本地多家企业均成为被告，漫长的专利纠纷诉讼给相关企业带来极大困扰。

经过多轮艰难的谈判协商，最终专利诉讼达成和解，2006年10月13日，美的、创迪、怡达和爱德4家企业共同签署了专利联盟协议书，宣告电压力锅专利联盟正式成立。当时，这4家企业的电压力锅产品占全国市场份额的65%以上，入池专利46件。

经过几年发展，联盟成员由创始时的4家发展至13家，专利池进一步扩大，数量扩容至554件，而且大多是技术含量较高的专利。联盟企业成员均成为行业的主力军，生产的电压力锅占国内市场份额75%以上。

2008年联盟企业共同起草制定顺德地区《电压力锅联盟标准》。2009年该标准成为广东省联盟标准。联盟积极推动该项标准走向国际化，在国际大会上提出并修订国际标准，2012年11月电压力锅国际标准在瑞士正式发布。

专利联盟是专利向标准转化中最重要的一环，事实证明一个运作成功的专利联盟是可以将专利转化为技术标准的。专利联盟的初级阶段往往是构建产品型的专利池，而高级阶段则是尽可能地联合起来建立标准型专利池。

二、制定技术标准

　　保障行业健康发展，只有建立相应的技术标准才能够营造良性、规范的产业发展环境，只有这样才能促进技术研发的良性循环和行业的健康发展。为应对国外贸易壁垒、保障行业发展，我国政府和企业也在逐步加快推进电动平衡车国家标准、行业标准、地方标准和团体标准的制定。

1.平衡车互联网电商企业标准的制定

　　2016年12月，广东产品质量监督检验研究院、阿里巴巴有限公司等单位起草了企业标准Alibaba 00003—2016《电动平衡车通用技术条件》。

　　2017年3月，京东联合中国质量认证中心（CQC）发布了平衡车企业标准CQC 1125—2016《电动平衡车安全技术规范》。[①]

　　这意味着未来进驻京东、阿里巴巴商城的电动平衡车都需具备国家认定的第三方质检机构出具的认证资格证，这也将终结电动平衡车进驻京东、阿里巴巴电商平台质量"无门槛"的时代。

---

① CQC标志认证是中国质量认证中心开展的自愿性产品认证业务之一，以加施CQC标志的方式表明产品符合相关的质量、安全、性能、电磁兼容等认证要求，认证范围涉及机械设备、电力设备、电器、电子产品、纺织品、建材等500多种产品。CQC标志认证重点关注安全、电磁兼容、性能、有害物质限量（RoHS）等直接反映产品质量和影响消费者人身和财产安全的指标，旨在维护消费者利益，促进提高产品质量，增强国内企业的国际竞争力。https://baike.baidu.com/item/ 中国质量认证中心 /2107771?fromtitle=CQC&fromid=3210&fr=aladdin.

2.平衡车团体标准的制定

团体标准是由行业中的多个企业自主制定的，完全是由市场自主制定的标准，更侧重于提高竞争力。

2015年8月，深圳市科创标准服务中心、计量质量检测院、标准院等21家单位和企业发起创建深圳平衡车产业与创新联盟，并发布了全国首个平衡车行业的团体标准《平衡车安全要求》。深圳市是平衡车企业最密集的地方，率先出台平衡车行业的团体标准也是大势所趋。

2017年1月18日，中国机电产品进出口商会平衡车分会牵头组织起草的《无杆双轮人机互动体感车》团体标准发布，起草单位包括浙江大学、浙江省检验检疫科学技术研究院、杭州检验检疫局以及杭州骑客智能科技有限公司等涵盖检测、整车、主板、电池、电机、充电器、外壳、主架等整个产业链的十多家机构和企业。

3.平衡车地方标准的制定

地方标准具有规范地方企业行为和创建良好市场竞争秩序的作用，属于国家标准体系的一部分。由于广东地区平衡车行业在亚马逊下架事件和UL2272认证的冲击下影响最大，2016年9月，广东省质量技术监督局批准发布平衡车广东省地方标准DB44/T 1884—2016《电动两轮平衡车通用技术条件》。

4.平衡车行业标准的制定

2018年8月，由于对平衡车行业形象影响最大的是电池组件，国家工信部发布了平衡车行业标准SJ/T 11685—2017《平衡车用锂离子电池和电池组规范》。该规范主要对平衡车锂离子电池的绝缘阻燃胶粘带、陶瓷密封圈等进行了更加详细的规定。

5.平衡车国家标准的制定

2017年10月，国家质检总局联合国家标准化管理委员会发布了电动平衡车国家标准GB/T 34667—2017《电动平衡车通用技术条件》和GB/T 34668—2017《电动平衡车安全要求及测试方法》。这两项国家标准的出台从国家层面填补了我国对电动平衡车安全统一要求的空白。

此外，工信部电子工业标准化研究院还研制了《平衡车用锂离子电池和电池组安全要求》《平衡车用锂离子电池和电池组规范》两项国家标准。

6.与国际标准的接轨

美国是个人电动平衡车的消费大国。而全球有90%的电动平衡车都是在中国生产，供应链企业有1000余家，涉及的电商有200多家，实现标准互认是中美双方需要解决的问题。基于此，中国国家标准化管理委员会和美国国家标准协会层面、全国自动化系统与集成标准化技术委员会（SAC/TC 159）和UL层面联合成立了中美电动平衡车标准互认工作组。

同时，中国平衡车行业协会、企业与UL、ASTS、SGS、CQC等国际国内认证机构等保持密切沟通，及时更新满足标准技术和安全性能的要求。

2018年4月，国际电工组织（IEC）发布平衡车电气安全检测新标准IEC 60335-2-114:2018《使用碱性或其他非酸性电解质电池的自平衡个人运输装置的安全要求》。该标准的颁布使得在市场销售已久的自平衡车有了完整的电气安全检测依据。

7.中国的"UL认证"

作为中国最大和最权威的认证机构，中国质量认证中心（CQC）针对行业现状，组织平衡车行业内的研发、制造、检测、认证专家以及电商代表（京东等大型电商平台），制定了我国第一部面向全国的规范CQC 1125—2016《电动平衡车安全认证技术规范》，为电动平衡车生产商提供全流程的安全认证服务。CQC的这部规范，不仅适用于电动平衡车，同样适用于电动滑板车，基本覆盖了所有配备有独立充电装置、利用电池作为驱动电源进行工作的类似用途产品，从而大大丰富了认证产品种类，也让更多产品的质量控制有据可依。在测试项目上从电气、机械、环境、使用性能等各方面做了全面的规定。不仅对样品进行测试检验，还增加了对工厂检查和获证后的监督环节，更加全面专业地对工厂及相关人员提出了更高要求。

中国质量认证中心出台的这个安全认证技术规范，约束了在国内销售平衡车的质量要求，对于中国平衡车消费者的人身安全起到了保障作用，有利于平衡车产品在国内开拓更宽广的市场。

三、海关专项行动

通过知识产权在海关备案可以实现对侵权产品进出口时进行查扣，对于专利权人进行专利维权至关重要。相比于专利侵权诉讼而言，维权效率高。且由于能够查扣到侵权方大批货物，通过这种倒逼手段很有可能直接促成专利许可。

我国海关总署针对我国出口电动平衡车行业面临的侵权和无序竞争情况，多次开展出口电动平衡车知识产权保护专项行动，引导企业保护自主知识产权。

| 人物访谈 |

海关总署针对平衡车行业的情况主要做了哪些工作？

很多企业是专门蹭热点的，一旦发现哪些产品利润好、仿制门槛低，他们就像蝗虫一样扑上去，很快调集资金进行仿造，通过劣质低价竞争手段给整个行业造成极大的伤害。我们海关专门组织召开专家研讨会，通过深入企业了解实际情况，最终决定开展多次全国多个海关联动的针对平衡车的专项行动，效果很好。

——海关总署综合业务司知识产权处处长黄建军

下面是一些海关在查扣、处理侵权平衡车时的情况。

2017年4月25日，黄埔海关对外通报，在对出口数据进行日常监控时，发现中山某贸易有限公司有较大出口侵权嫌疑。根据这一情况，黄埔海关立即对该公司出口的20台电动平衡车进行查验，并联系其权利人杭州骑客智能科技有限公司进行确认，发现该批货物涉嫌侵犯其"纵向双轮车体"实用新型专利权（见图5.7）。在成功拦截首批侵权货物后，黄埔海关又根据线索乘胜追击，先后在口岸截获

图5.7 黄埔海关查获的侵权电动平衡车①

---

① news.sina.com.cn/o/2017-04-27/doc-ifyetxec6679384.shtml.

2批共850台准备出口的涉嫌侵权的电动平衡车。

2019年11月21日，长沙海关联合杭州市中级人民法院对292辆侵权电动平衡车实施销毁（见图5.8）。该批侵权平衡车是2018年长沙海关根据权利人的申请从出口货物中依法扣留的。这也是长沙海关近年来首次在中欧班列渠道查获输往"一带一路"国家的侵犯专利权案，该案例入选了"2018年中国海关知识产权保护十大典型案例"。长沙海关综合业务处负责人介绍，

图 5.8　长沙海关联合杭州市中级人民法院对侵权电动平衡车实施销毁①

2018年4月，权利人纳恩博（北京）科技有限公司向长沙海关提出申请，对涉嫌侵犯其知识产权的一批出口电动平衡车采取知识产权海关保护措施，长沙海关依法对该批货物实施扣留。经初步调查，该批电动平衡车共292辆，货值28万余元，由浙江省某公司申报出口白俄罗斯，涉嫌侵犯纳恩博（北京）科技有限公司的专利权。

天津海关于2017年4月26日对外发布该关在进出口领域实施专利权保护工作的情况。在"电动平衡车知识产权保护专项行动"中，天津海关共对7个批次涉嫌侵犯专利权的平衡车商品采取了保护措施，中止放行涉嫌侵权平衡车390台，价值约人民币90余万元。天津海关关于深圳市南威海进出口有限公司出口侵犯"电动平衡扭扭车"专利权平衡车案行政处罚决定书如下：②

---

① https://www.icswb.com/h/168/20191122/630222.html.

② http://www.customs.gov.cn/tianjin_customs/427875/427916/427918/427913/637373/index.html.

中华人民共和国天津海关
行政处罚决定书

津关法知字〔2016〕052 号

当事人：深圳市南威海进出口有限公司

法定代表人：吴彩平

地　　址：深圳市罗湖区东晓街道办红岗路 1299 号龙园山庄 30
栋 506

　　当事人于 2016 年 11 月 24 日向天津新港海关申报出口镀锌
电焊网、涂塑电焊网、平衡车和不锈钢丝网到印度，报关单号为
020220160000853010。经海关查验，实际货物中有平衡车 30 辆，
价值人民币 14138 元。经查，上述货物实施了杭州骑客智能科技
有限公司拥有的"电动平衡扭扭车"外观设计专利。杭州骑客智
能科技有限公司认为上述货物属于侵犯其"电动平衡扭扭车"外
观设计专利权的货物，并向我关提出采取知识产权保护措施的申
请。

　　我关经调查，认为当事人出口的上述货物，其专利的实施事
先未经专利权人许可，根据《中华人民共和国专利法》第六十条
和《中华人民共和国知识产权海关保护条例》的有关规定，属于
侵犯他人专利权的货物。你公司的行为已构成出口侵犯他人专利
权货物的行为。

　　以上有海关出口货物报关单证、海关查验记录、权利人申请

等材料为证。

根据《中华人民共和国知识产权海关保护条例》第二十七第一款的规定，我关决定没收上述侵犯"电动平衡扭扭车"外观设计专利权平衡车30辆。

当事人应当自本处罚决定书送达之日起15日内，根据《中华人民共和国行政处罚法》第四十四条、第四十六条、第四十八条的规定，履行上述处罚决定。

当事人不服本处罚决定的，依照《中华人民共和国行政复议法》第九条、第十二条，《中华人民共和国行政诉讼法》第四十六条之规定，可自本处罚决定书送达之日起六十日内向海关总署申请行政复议，或者自本处罚决定书送达之日起六个月内，直接向天津市第一中级人民法院起诉。

二〇一七年三月卅一日

知识链接

1.什么是知识产权海关备案?

知识产权海关保护备案,是指知识产权权利人,按照《知识产权海关保护条例》的规定,将其知识产权的法律状况、有关货物的情况、知识产权合法使用情况和侵权货物进出口情况以书面形式在海关总署进行登记,以便海关在对进出口货物的监管过程中能够主动对有关知识产权实施保护。知识产权权利人如果事先没有向海关办理知识产权备案,海关即使发现侵权货物即将进出境,也无权主动中止其进出口并对侵权货物进行调查处理。

2.知识产权海关备案有什么好处?

(1)知识产权备案是海关依职权对侵权货物主动进行调查处理的必要前提。

(2)有助于海关及时发现侵权货物。

(3)知识产权权利人的经济负担相对减轻。知识产权权利人事先已办理知识产权海关备案的,在"主动保护"模式下,请求海关扣留侵权嫌疑货物所需提供的担保最高不超过人民币10万元。相反地,如果知识产权权利人事先未进行知识产权备案,则必须提供相当于货物等值的担保,担保金额有可能超过10万元。

(4)减少侵权货物进出口的可能性。尽快办理知识产权备案,可以对进出口侵权货物的企业产生预警和威慑作用,促使其自觉尊重知识产权。

知识产权海关备案的主要流程为申请人登录知识产权海关保护系统→在线填写备案申请表→提交备案申请→系统受理→材料补正(申

请人发现申请错误需要补正的，可以在海关审核前自行撤回修改）→
海关审核→办结。

1.海关专项"清风"行动

海关知识产权保护是我国知识产权法律体系的重要组成部分，海关保护程序便捷、高效，打击力度大，是专利维权的重要途径。在海关总署的统一部署下，2016年11月15日起至2016年12月31日，海关总署组织天津、上海、南京、杭州、宁波、青岛、深圳、黄埔等8个海关开展对出口电动平衡车侵犯知识产权违法行为的重点治理，发出了平衡车行业知识产权保护专项行动（代号为"清风"行动）措施，取得了良好的阶段性成果。

行动期间，相关海关共计查获涉嫌侵犯专利权电动平衡车案件28起，查扣侵权电动平衡车12766台，价值人民币约1300万元，有效遏制了平衡车行业面临的侵权和无序竞争情况，规范了行业秩序，保护了国内平衡车产业企业的合法权益。[1]"清风"行动取得了很多成效，比如：

（1）提振了中国平衡车行业的信心。专项行动开展以来，近20余家规模较大、产品质量较好的平衡车生产企业主动联系中国机电产品进出口商会平衡车分会，共同探讨了知识产权的保护问题，愿意与具有共同理念的企业合作发展，共同做大做好电动平衡车产业。

（2）建立了一套维权机制。一直以来，行业都面临着侵权规模大、侵权企业地域分布广泛这一局面。通过专项行动，平衡车分会与相关海关充分沟通，建立了海关和企业合作的畅通渠道，探索出一套行之有效的维权机制，大大提高了维权效率。

---

[1] http://www.customs.gov.cn/customs/xwfb34/302425/636515/index.html.

（3）实现了平衡车行业销量的增长。2016年11月以前，整个平衡车行业销量保持在平均每月40万辆，假冒专利产品的冲击使得销量呈每月30%的幅度递减。专项行动开展后，恶意侵犯知识产权的行为得到遏制，假冒企业的销售得到压制，平衡车行业的销量持续稳定增长，据业内统计，在近2个月的专项行动期间，平衡车直接增加的出口量达到60万台。

（4）带来了产品价格的回升。据不完全统计，专项行动开展以前，市场上平衡车产品的出口价格在每台60~250美元，产品质量参差不齐。海关专项行动开展后，资质较差的企业逐渐退出平衡车领域，而资质良好的企业抱团共同维护市场，建立适合的产品品质监管机制和价格机制，产品价格逐步稳定在每台120美元左右。

（5）净化了市场的环境。自海关专项行动开展以来，侵权企业销售受阻，部分企业退出平衡车市场，部分企业则开始注重提高其产品质量，一定程度上拉高了入行门槛，从而间接带动了产品质量的提高，提升了行业的整体水平。此外，不少厂家在生产、销售侵权产品前会主动与相关平衡车企业商谈专利授权相关问题，整个行业的知识产权意识逐步增强。

2.海关专项"龙腾"行动

海关边境执法一直是企业知识产权保护的重要手段。为深入实施知识产权强国战略和创新驱动发展战略，促进供给侧结构性改革，推动我国经济转向高质量发展，海关总署于2017年9月1日至11月30日组织全国海关开展出口知识产权优势企业知识产权保护专项行动（代号为"龙腾"行动），对150家"龙腾"行动重点企业（涵盖大中小型生产贸易企业、传统产品与科技信息技术等各类企业）2000余项知识产权实施重点保护行动期间，全国海关共计启动知识产权保护措施872次，扣留侵权货物253批，涉及侵权货物311万件，案值4002万元，挽回权利人经济损失742万元，平衡车行业在"龙腾"行动中查扣了多批涉及侵权平衡车产品，涉案金额约600万元。通过"龙腾"行动的开展，企业知识产权的保护和管理能力得到提升，有效激发了企业维权积极性和创新动力。

"龙腾"行动将专利海关保护列为重点内容，从专利备案、信息收集、专利分析、鉴定对比、证据提交等多个环节对有海关备案专利的行动重点企业进行专门指导，提升核心竞争力。"龙腾"行动对走出国门的自有品牌、自有技术和高附加值的"两自一高"产品予以重点保护，增强了企业在国际贸易中的全球竞争力。"龙腾"行动的开展，使部分平衡车企业的海外市场得到开拓，市场地位进一步巩固。与此同时，"龙腾"行动中海关向侵权企业进行了知识产权普法宣传，鼓励其加快转型升级，通过引进先进技术和自主创新相结合等方式，提高产品技术含量、打造自主知识产权产品，全面激发企业创新热情，促进服务供给侧改革。"龙腾"行动使国际社会正视"中国制造"已升级为"中国创造"并走向世界的现实，中国制造国际形象得到进一步提升。

结 语

1. 科技类新创企业需要重点关注知识产权工作的哪些方面

（1）企业如何做好技术秘密的保护

申请专利前，在各大展会中、国外各种奖项的评选中以及在申请各类认证过程中，注意核心技术信息的保护，以免被他人窃取并在我方提出专利申请前申请专利；在进行专利申请时，要注意不能过多公开核心技术信息，导致被国外竞争对手获取并在此基础上迅速改进和进行专利布局，既要突出专利的"权利意识"，同时又要做好核心技术信息的保护。

（2）企业应注意海外巨量订单中的陷阱

国外竞争对手有时会利用巨量订单进行诱惑，使企业忽视了订单中的诸多附加条款，最终通过一些陷阱逼迫国内企业交出核心技术。

（3）要掌握核心技术，不做"害群之马"

"一家具有核心技术的企业抵过一百家偷偷仿制的企业"。掌握核心技术的企业产品质量好，能够形成良好的产业链，产品国际市场竞争力强，有利于产业规模的良性发展。而恶意仿制的企业产品质量往往不高，主要靠低价优势参与竞争，会导致整个行业形成恶性竞争的市场氛围，最终导致整个行业走向没落。

（4）应当注意和及早应对国外企业的打压

国外企业会利用资本在我国科技类新创企业弱小的时候，提前高价收购后，解散原创企业，转移专利与技术骨干另开项目公司运作；还会通过购买同类别早期专利，利用我国科技类新创企业不熟悉美国市场环境，对原创企业发起337调查，在海外起诉原创企业，利用诉讼费高昂耗死我国科技类新创企业，这些企业大部分打不起官司。

（以上内容由杭州骑客智能科技有限公司总经理应佳伟提供。）

2.企业应当重点做好哪些海外专利风险的防护

（1）有价值技术专利权利流失风险

企业在研发过程中产生的高价值技术成果会因未进行高质量专利挖掘和海内外专利布局和有效维护而造成专利权利流失的风险。

（2）潜在技术标准形成的专利壁垒风险

一般而言，行业的潜在技术标准都是由行业领军企业或者早期企业根据自己的专利技术基础制定的，对新创企业而言，若要得到这些企业的专利使用许可，有时迈过技术门槛的成本将非常高昂，这就不可避免地形成了专利壁垒。

（3）国际展会上的专利风险

参加国际展会是企业接触客户、达成交易、扩大企业影响力的有效途径，是我国企业走向世界的重要一环。但在法律意义上，参加国际展会属于许诺销售行为，如产品涉及其他专利权人有专利权的专利技术，参加展会就属于专利侵权行为。相关专利权人就可以申请当地法院或者通过展会组织者扣押、没收涉嫌侵权的产品。

（4）海关过境中的专利风险

对于即将进出口的货物，若涉嫌侵犯他人专利权的，相关专利权人可以向海关提出申请扣留涉嫌侵权的货物。此外，在产品出口运输的过程中，也有可能被产品过境地的相关专利权人提出侵权扣押申请。

在美国，通常海关不会因为侵犯发明专利权而扣货，因为海关缺乏足够的资源判断是否有侵权行为存在。而因侵犯商标权、版权、外观设计专利权而扣货的情况更加多见。因侵犯发明专利权扣货的情况通常发生在ITC作了判决下达排除令之后。

（5）美国337调查造成的专利风险

337调查因程序简单且打击性强，应诉成本高，已成为近年来美国为保护本国产业而打击中国进口产品的有力武器。

（6）竞争对手专利诉讼所带来的专利风险

（以上内容由美国飞翰律师事务所合伙人、律师印庆余提供。）

3.企业如何做好专利保护工作

第一，在研发一项产品的过程中，开始时专利检索非常重要。如果检索没有做到位，你正在研发的产品可能已经存在专利，因此，应充分检索与你的产品近似的专利。

第二，专利保护要前置。做专利申请的时候，首先要建立一个团队，产品模型出来前最好对国内外同时布局，不要等产品要上市了才想起来申请专利，要预测产品的市场，提前布局好专利。

第三，专利工作不要图省钱，要请专业的人士来做。就像你要请一个保姆来帮你看孩子一样，你一定要请一个很有爱心、很专业的保姆。

第四，对于一个企业来说，知识产权保护不是一个部门的事情，是公司全体员工的事情，一定要一把手、二把手亲自来抓。部门之间要多联动，比如说我们被侵权的第一手信息，是来自我们的代理商，他们会第一时间发现哪里也在卖这款产品，因此知识产权部门就需要和国际贸易部、市场部、销售部等保持紧密的联系。

（以上内容由原中国机电产品进出口商会平衡车分会副秘书长、骑客副总经理章杏娟提供。）

4.新创企业如何搭建IP（知识产权）管理团队

　　一个公司的IP团队应该根据公司的实际情况去搭建最合理的团队，一定要强调专业性，公司间IP的PK（对决），一定是专业和专业技能的PK。IP团队一定要有它的完整性、独立性。比如前端的申请和后端的诉讼一定在一个团队里面，这样的话你才能瞻前顾后。举个例子，申请阶段哪些专利一起提交，哪些需要分阶段提交，仅仅负责后端业务的同事不一定清楚当时的具体考虑。IP工作如果切块分给不同部门的人去做，会出现很多问题。所以说IP工作本身是一个闭环，要面面俱到。

　　　　　　　（以上内容由纳恩博知识产权部总监张飞弦提供。）

附 录

|附录1|

杭州骑客智能科技有限公司与浙江波速尔运动器械有限公司侵害实用新型专利权纠纷二审民事判决书

（2017）浙民终213号

上诉人（原审原告）：杭州骑客智能科技有限公司，住所地浙江省杭州市余杭区良渚街道七贤桥村9幢（南楼1层、3层及北楼3－4层）。

法定代表人：应佳伟，执行董事。

委托诉讼代理人：王晓峰，杭州丰禾专利事务所有限公司专利代理人。

被上诉人（原审被告）：浙江波速尔运动器械有限公司，住所地浙江省武义县五金机械工业园五金东路9号。

法定代表人：章玉巧，总经理。

委托诉讼代理人：戴晓翔，浙江晓翔律师事务所律师。

委托诉讼代理人：盛丽云，浙江晓翔律师事务所律师。

上诉人杭州骑客智能科技有限公司（以下简称"骑客公司"）因与被上诉人浙江波速尔运动器械有限公司（以下简称"波速尔公司"）侵害实用新型专利权纠纷一案，不服浙江省宁波市中级人民法院（2016）浙02民初1110号民事判决，向本院提起上诉。本院于2017年4月14日立案受理后，依法组成合议庭，公开开庭进行了审理。上诉人骑客公司的委托诉讼代理人王晓峰，被上诉人波速尔公司的委托诉讼代理人戴晓翔、盛丽云到庭参加诉讼。本案现已审理终结。

骑客公司上诉请求：撤销一审判决，依法改判支持其一审诉讼请求。事实和理由：被诉侵权产品的电源部分与涉案专利权利要求1所记载的"电源，固定于第一底盖和第一内盖之间"这一技术特征构成等同。首先，该技术特征是指电源的安装位置介于底盖与内盖结合所形成的空间内，并未具体限定电源固定的方式及电源与底盖或内盖的具体贴合位置。其次，被诉侵权产品的内盖具备方形卡槽，电池有一表面与之紧密贴合，方形卡槽对电池的装配位置在水平方向予以限定，底盖所设置的方形通孔必须与内盖上的方形卡槽垂直对齐才能完全容纳电池整体，电池完成装配后整体位于内盖和底盖所形成的空间内，与涉案专利对电源位置的限定相符。再者，涉案专利的发明创新点在于对原先电源裸露在外与平衡车车体非紧密结合的状态加以改进，创设了三层车体结构，其中就包括将电源的安装限位于内盖与底盖所配合形成的空间内，并利用该空间用于容纳线路板、电子元器件等配件，避免平衡车在运行过程中因振动导致电源、线路板等配件脱落。即使被诉侵权产品所采用的电池卡扣结构使得电池可以通过底盖的方孔方便脱离平衡车车体以直接取用，但并未改变电池实际装配位置，其效果和功能仍与涉案专利对电源的限定一致，两者构成等同，可以判定波速尔公司构成专利侵权。因双方之间的其他争议一审法院均未予评述，骑客公司坚持一审中的相应主张。

波速尔公司辩称：（一）被诉侵权产品不具备涉案专利权利要求1所限定的"电源，固定于第一底盖和第一内盖之间"这一技术特征，不落入涉案专利权的保护范围。1.被诉侵权产品中电池的固定仅与底盖有关而与内盖无关，底盖增设的通孔框并未封闭遮挡电池，电池固定后的位置不再位于"底盖和内盖之间"，而是敞露于该空间之外，电池可从底盖敞开的通孔框中直接取出，方便更换或单独保管电池，需要付出创造性劳动。而涉案专利是将电池固定在内盖和底盖形成的封闭腔体内而不外露，若要更换维修电池必先拆卸底盖。两者在产品结构和效果上存有实质差异。2.要满足平衡车的电源要求，必须保证电池不因颠簸、振动而与车体分离、松脱，故将电池固定并封闭包裹在底盖与内盖组成的腔体内是涉案专利该争议技术特征的应有之义，而被诉侵权产品未采用该内置结构同样实现了电池的可靠固定。3.被诉侵权产品在内盖上留出浅槽是为了适当增加内腔容积以收纳储存较多电量的电池，而并非为了固定电池。骑客公司认为电池上端局部位于内盖浅槽中即构成"固定"，有违客观事实。（二）骑客公司其余诉讼主张相关的事实和理由亦不能成立。1.涉案专利不享有优先权。骑客公司在申请涉案专利时主张的本国优先权指向其于2014年6月13

日申请的201410262353.9号"纵向双轮车体"发明专利，但涉案专利与其在先申请明显不属于同一主题的技术方案，不享有优先权。故早于涉案专利实际申请日2015年6月12日前公开的技术均属于现有技术。公开日为2014年12月10日的ＺＬ20142031×××ｘ.5号"电动平衡扭扭车"实用新型专利和同年5月26日前在苏宁易购电商平台销售的"双轮平衡车"均构成涉案专利的现有技术。因此，即使被诉侵权产品采用了涉案专利的技术方案，亦不构成侵权。2.骑客公司主张涉案专利创设了三层结构的平衡车车体，但在涉案专利申请日前两年就已公开的"具有龙骨骨架的双轮自平衡巡逻车"实用新型专利已公开此类车体，骑客公司的主张有违客观事实。3.骑客公司曾将其所有的平衡车专利许可波速尔公司使用，许可期限自2015年9月15日至2016年9月15日止，波速尔公司依约支付了30万元的许可使用费。骑客公司明知涉案被诉侵权产品系专利实施许可期间制造，却申请海关扣留并提起侵权诉讼，具有明显的主观过错，即使被诉侵权产品采用了涉案专利的技术方案，亦属于合法实施专利所获得的产品，与侵权无涉。综上，骑客公司的上诉请求缺乏事实和法律依据，请求二审法院予以驳回，维持一审判决。

骑客公司向一审法院起诉请求判令波速尔公司：1.立即停止制造、销售侵害其涉案专利权的被诉侵权产品的行为；2.赔偿其经济损失及维权合理费用合计150万元。

一审法院认定事实：2014年6月13日，骑客公司向国家知识产权局申请名称为"电动平衡扭扭车"的实用新型专利，并于同年12月10日获得公告授权，专利号为ＺＬ20142031×××ｘ.5，该专利为波速尔公司主张现有技术抗辩的依据之一。

2015年6月12日，骑客公司向国家知识产权局申请名称为"一种改良电动平衡车"的实用新型专利，并于同年10月14日获得公告授权，专利号为ＺＬ20152040×××ｘ.9，该专利至今有效。该专利本国优先权数据记载在先申请为2014年6月13日骑客公司向国家知识产权局申请的申请号为ZL201410262353.9、名称为"纵向双轮车体"的发明专利。一审庭审中，骑客公司要求按涉案专利权利要求1所记载的技术特征来确定涉案专利权的保护范围。该专利权利要求1记载：一种改良电动平衡车，其特征在于，包括：

顶盖，包括成对称设置且可相互转动的第一顶盖和第二顶盖；底盖，和顶盖相固定，所述底盖包括呈对称设置且可相互转动的第一底盖和第二底盖；内盖，固定于顶盖及底盖之间，所述内盖包括呈对称设置且可相互转动的第一内盖和第二内盖；转动机构，固定于所述第一内盖和第二内盖的中间；两个车轮，分别可转动地固定于内盖的两侧；两个轮毂电机，分别固定于两个车轮内；多个传感器，设置于所述底盖和内盖之间；电源，固定于第一底盖和第一内盖之间；以及控制器，固定于第二底盖和第二内盖之间，所述控制器电性连接所述多个传感器、电源和轮毂电机，所述控制器根据传感器传输的感测信号控制相应的轮毂电机驱动相应的车轮转动。

2016年8月8日，宁波海关向骑客公司发出甬关法[2016]0498号《采取知识产权海关保护措施通知书》，通知骑客公司，宁波海关于同日依据其申请已扣留了波速尔公司申报出口的电动滑板车3530辆。同月11日，宁波海关向骑客公司发出甬关法[2016]0498《放行涉嫌侵犯专利权货物通知书》，通知骑客公司，波速尔公司已向宁波海关提交了未侵权的相关证据及保证金，宁波海关根据相关规定于同日放行了涉案货物。

2016年5月26日，国家知识产权局就涉案专利出具《实用新型专利权评价报告》一份，该报告记载："权利要求6不符合授予专利权条件，权利要求1-5、7-10未发现存在不符合授予专利权条件的缺陷……权利要求6不符合专利法第29条第2款的规定，不能享受在先申请的优先权"。

2016年11月23日，波速尔公司代理人向浙江省杭州市钱塘公证处申请对网上购买骑客公司平衡车产品的过程进行公证保全，公证处工作人员对购买及收货过程进行了见证并出具了（2016）浙杭钱证内字第21387号公证书。

经一审庭审比对，双方当事人对有争议的技术特征发表了比对意见。波速尔公司认为被诉侵权技术方案未落入涉案专利权保护范围，主要体现在以下方面：1.不具备涉案专利权利要求1中"电源，固定于第一底盖和第一内盖之间"的技术特征。被诉侵权技术方案对应于"电源"特征的是"电池"，该电池卡接固定在底盖的定位通孔中，该固定结构和位置与"内盖"无关，即电池并未"固定于底盖和内盖之间"，从而可以方便地取出更换，增加续航时间，不因充电而中断使用。涉案专利技术方案则是将电池固定在内盖和底盖之间，说明书附图显示电池是通过紧固件固定在内盖上，电池无法取出和更换，须停机充足电后方能续航，两者固定电池的结构和相应的效果显著不同。2.不具备涉案专利权利要求1中"转动机构，固定于第一内盖与第二内盖中间"的技术特征。涉案专利权利要求记载的"转动机构"系功能性特征，根据相关司法解释，功能性技术特征仅能包含具体实施例及其等同的实施方式，不能涵盖所有能够实现该功能的实施方式。因此与涉案专利仅有的一个实施例相比，被诉侵权技术方案的中空轴左端与左内盖过盈配合并通过竖销定位（即左内盖中不设轴承和卡簧），中空轴右端间隙配合的插入右内盖内并在两者之间穿设轴承和卡簧。左内盖与中空轴不能相互转动，而右内盖与中空轴可以相对转动，与涉案专利实施例转动机构的技术方案功能和效果不相同也不等同。3.不具备"多个传感器，设置于所述底盖和内盖之间"的技术特征。涉案专利的该技术特征也属于功能性技术特征，与涉案专利的实施例相比，被诉侵权技术方案没有"多个传感器"中的"感应开关"、没有独立的"陀螺仪"和"加速传感器"，被诉侵权技术方案相应的传感功能由主控板中的集成块实现，与涉案专利实施例中的"多个传感器"不相同也不等同。4.不具备"控制器，固定于第二底盖和第二内盖之间"的技术特征。同理，该技术特征也属于功能性技术特征，与实施例相比，被诉侵权技术方案有两块分开设置的各自独立工作的"主控板"，分别固定在左右两个顶盖上，与涉案专利实施例限定数量的"控制器"及其固定位置和技术效果既不相同也不等同。5.不具备"两个车轮，分别可转动地固定于内盖的两侧；两个轮毂电机，分别固定于两个车轮内"的技术特征。被诉侵权技术方案两个车轮的轮胎套置在"轮毂"（轮体）上，车轮的轮毂和轮胎均未与内盖连接固定，被诉侵权技术方案轮毂电机的定子和外转子装在轮体中，不属于"轮毂电机固定于车轮内"的"双层壳体"结构。6.基于上述理由，被诉侵权技术方案不具备"所述控制器电性连接所述多个传感器、电源和轮毂电机，所述控制器根据传感器传输的感测信号控制相应的轮毂电机驱动相应的车轮转动"的特征。针对上述争议的技术特征，骑客公司认为：1.被诉侵权技术方案电源技术特征落入涉案专利"电源，固定于第一底盖和第一内盖之间"技术特征的保护范围。被诉侵权产品内盖具备电源安装卡槽，用于固定电源的位置，底盖所设方形缺孔必须与内盖上的卡槽配合才能完全容纳电源安放；内盖卡槽与底盖缺孔共同形成对电源的位置固定，且产品电力驱动系统，必须与电源进行正负极连接，也是固定于二者之间的必备因素。2.功能性技术特征的表达应该严格限制，以避免被滥用。涉案专利权利要求1的相应技术特征不是功能性表述，而属于上位概念。3.被诉侵权技术方案的转动机构与涉案专利"转动机构，固定于所述第一内盖和第二内盖的中间"技术特征构成等同。首先，将轴套两端分别伸入第一内盖和第二内盖使得第一内盖、第二内盖能够实现相互转动，是本领域技术人员所采用的常规技术手段。其次，涉案专利、被诉侵权产品均显示内盖包含筒柱形空腔以容纳轴的正常转动，涉案专利在实施例中所披露的是第一内盖、第二内盖均有轴承、轴套、卡簧。再者，被诉侵权技术方案仅是将轴套的一边与内盖筒体空腔固定，将两个轴承均安装于另一侧内盖的筒体型空腔中，二者在技术上构成等同。4.控制器和传感器属于上位概念，被诉侵权技术方案采用的集成电路、控制面板、电子元器件装配的共性都是通过对车体、车轮转动的使用状态感应和信号回馈以控制车轮运转速度，两者构成相同。

一审法院另查明，骑客公司为本案诉讼支付了一定的维权合理费用。

一审法院认为，骑客公司依法享有专利号为 Z L 20152040×××.9、名称为"一种改良电动平衡车"的实用新型专利权，该实用新型专利现处有效期内，专利权受法律保护。根据庭审内容及双方诉辩理由，本案的争议焦点为：一是被诉侵权技术方案是否落入了涉案专利权的保护范围；二是如果构成侵权，则波速尔公司辩称的现有技术抗辩及双方之间存在技术许可的抗辩是否成立；三是如果构成侵权，则波速尔公司的侵权责任如何承担。

关于被诉侵权技术方案是否落入了涉案专利权的保护范围，一审法院认为，根据法律规定，实用新型专利权的保护范围以其权利要求的内容为准，说明书及附图可以用于解释权利要求。判断实用新型专利侵权的原则及标准是：审查被诉侵权技术方案是否包含与权利人主张的权利要求记载的全部技术特征相同或者等同的技术特征，如包含则应当认定其落入专利权的保护范围；被诉侵权技术方案的技术特征与权利要求记载的全部技术特征相比，如缺少权利要求记载的一个以上的技术特征，或者有一个以上技术特征不相同也不等同的，则应当认定其没有落入专利权的保护范围。等同特征，是指与所记载的技术特征以基本相同的手段，实现基本相同的功能，达到基本相同的效果，并且本领域普通技术人员在被诉侵权行为发生时无须经过创造性劳动就能够联想到的特征。一审庭审中骑客公司要求按涉案专利权利要求1所记载的必要技术特征来确定涉案专利权的保护范围。关于被诉侵权技术方案是否落入涉案专利权利要求1的保护范围，结合双方当事人的对比意见，该问题主要可细分为两个主要方面，一是被诉侵权电源部分的技术特征与涉案专利权利要求1"电源，固定于第一底盖和第一内盖之间"技术特征是否构成等同；二是相关技术特征是否系功能性限定技术特征，针对该部分技术特征应当如何比对及具体的被诉侵权技术特征是否落入涉案专利保护范围。关于电源部分的技术特征，波速尔公司认为被诉侵权技术方案中电池的固定位置和结构与内盖无关，并未固定在底盖和内盖之间，与涉案专利相应的技术特征不构成等同；骑客公司则认为两者构成等同，被诉侵权技术方案落入涉案专利保护范围。对此，该院认为：其一，从被诉侵权产品体现出的固定电池部分的结构特征来看，被诉侵权产品的电池系以嵌入方式安装在底盖上，电池的上表面裸露在外，被诉侵权产品的底盖设置有与电池形状相适配的近似方形通孔，且在通孔两侧设置有用于卡接和固定电池的卡扣机构；其二，从被诉侵权技术特征与涉案专利技术特征实现的功能和效果来看，被诉侵权产品电池部分的设计，在保证电池供电功能的基础上，还实现了不拆卸底盖即可替换、维修电池的效果。因此，该院认为被诉侵权技术方案电池部分的技术特征系将电池固定在底盖上，与涉案专利权利要求中的"固定于第一底盖和第一内盖之间"在结构上有所区别，且被诉侵权技术方案电池部分技术特征与涉案专利技术方案相比，在电池固定的手段以及电池裸露在外所要实现的功能和效果方面与相对应的涉案专利技术特征存在区别，而实现电池的方便更换需要对电池的固定方式和底盖等结构进行一定的结构设计，与涉案专利的"电源，固定于第一底盖和第一内盖之间"技术特征相比，不属于本领域普通技术人员不通过创造性劳动即可联想到的等同技术替换，两者亦不属于等同。综上，被诉侵权技术方案电池部分的技术特征不落入涉案专利权利要求1"电源，固定于第一底盖和第一内盖之间"技术特征的保护范围。因此，基于专利侵权判定的全面覆盖原则，波速尔公司主张的其他技术特征系功能性特征的相关问题已无评判必要。综上，该院认为，被诉侵权技术方案与骑客公司专利技术方案相比较，两者在具体结构上存在不同，亦不属于等同技术特征，被诉侵权技术方案未落入骑客公司涉案专利权的保护范围，不构成对该专利权的侵害，该院对波速尔公司的现有技术抗辩无评述必要，波速尔公司无须承担专利侵权的民事责任。

综上所述，骑客公司的诉讼请求不具有事实和法律依据，一审法院依法不予支持。该院依照《中华人民共和国专利法》第五十九条第一款、《最高人民法院关于审理侵犯专利权纠纷案件应用法律若干问题的解释》第七条、《最高人民法院关于审理侵犯专利权纠纷案件适用法律问题的若干规定》第十七条第二款、《中华人民共和国民事诉讼法》第六十四条第一款之规定，于2017年2月27日判决：驳回骑客公司的诉讼请求。案件受理费18300元、保全费5000元，合计23300元，由骑客公司负担。

二审中，骑客公司向本院提交了如下证据：

1.因波速尔公司在一审中曾提交有关苏宁易购网站中用户评价记录的（2016）沪徐证经字第4656号网页公证书，以此主张骑客公司的涉案专利产品在专利申请日前已在苏宁易购网站销售，早在2014年5月26日即有相应的用户评价发生，故属于现有技术。骑客公司对此在二审中提交了（2017）浙杭西证民字第170号公证书，拟证明苏宁易购网站的会员章程和江苏苏宁易购电子商务有限公司（以下简称"苏宁易购公司"）的电商运营资质；（2017）浙杭西证民字第771号公证书，拟证明苏宁易购公司向其寄送情况说明的事实，该情况说明的主要内容有：该公司系苏宁易购网站的运营方，负责该网站的日常运营，骑客公司在2014年8月之前没有任何产品经由该网站进行销售；经核查，涉案用户评论均为网站出错所致，与商品于同年8月5日实际上线发布日期不符，评论所对应的用户信息或用户购买信息均不存在。

2.《专利审查指南》关于权利要求撰写的准则和要求的部分内容，拟证明涉案专利权利要求1的撰写符合专利审查的要求，所描述的"转动机构"系上位概念，专利所确定的保护范围明确、清楚。

3.《现代机械设计手册》轴承单行本、轴及其连接件设计单行本的部分内容，拟共同证明涉案专利所处机械领域中，波速尔公司的产品与涉案专利实施例之间的差别，诸如转轴的固定、连接以及与轴承的配套都属于机械常识性选择，属于等同替换方式；被诉侵权产品所采用的转动机构符合涉案专利权利要求1的相关限定。

经质证，波速尔公司认为证据1中缺乏情况说明的原件，对真实性不予认可，同时认为不足以证明苏宁易购公司即为苏宁易购网站的运营方，说明内容亦缺乏证明效力；对证据2的真实性无异议，但认为与本案缺乏关联，且是否为上位概念与是否为功能性特征无关；对证据3的真实性无法确认，且认为与其待证事实无关联，不予认可。

本院经审查认为，仅凭波速尔公司在一审中所提交的苏宁易购网站的有关用户已收件的评价记录，并不足以认定该用户购买的产品即为骑客公司的专利产品，亦不能据此认定涉案专利的技术特征在2014年5月即已全部公开；且骑客公司主张其电平衡车产品于2014年5月首发、8月上市，与其提供的证据1可相互印证。根据《最高人民法院关于民事诉讼证据的若干规定》第七十三条的规定，并结合本案情况，骑客公司证据1的证明力明显大于波速尔公司提交的苏宁易购网站的用户评价记录的证明力，本院予以确认。证据2《专利审查指南》的真实性应予确认，可作为确定涉案专利权保护范围及进行技术比对时的有效指引和参考。证据3的真实性经核实可予以确认，在下文进行技术异议的评判时可作为参考。

被上诉人波速尔公司向本院提交了如下证据：

1.源自骑客公司网站和"平衡车在线"网站的报道打印件，其中涉及骑客公司的法定代表人应佳伟在接受采访时自述"2014年5月与苏宁合作全球首发平衡车"，与波速尔公司一审中提交的（2016）沪徐证经字第4656号公证书相印证，拟证明包含涉案专利结构的平衡车甚至在骑客公司主张的专利优先权日2014年6月13日前已公开销售，即涉案专利属于现有技术。骑客公司提交的证据1及对在先销售的否认均与事实不符。

2.201320126915.8号"具有龙骨骨架的双轮自平衡巡逻车"实用新型专利，拟证明骑客公司涉案专利的三层车体结构并非该公司发明，不应将此现有技术作为涉案专利的发明点而不当夸大其贡献。

3.公开号为US2013/0238231A1的"两轮自平衡车"美国专利及第28253号无效宣告请求审查决定书,拟证明涉案专利所具有的主要区别特征是"转动机构"这一功能性特征,其权利涵盖范围不应超出其实施例及其等同方式,而被诉产品采用的转动机构与涉案专利在结构和效果上均不同。

4.201410262353.9号"纵向双轮车体"发明专利申请,系涉案专利所主张的优先权基础文本,拟证明涉案专利与该专利不属于相同主题的技术方案,故不享有优先权。

5.波速尔公司与骑客公司签订的《骑客平衡车加盟知识产权授权使用合同》、银行汇款回单及发票,拟证明骑客公司许可波速尔公司实施由我国专利局授权的所有平衡车专利,波速尔公司依约支付了30万元使用费,故骑客公司无权就许可合同有效期内制造的被诉侵权产品提起侵权诉讼;即使被诉侵权产品落入涉案专利权的保护范围,波速尔公司仍有权制造和销售,并不构成专利侵权。

6.专利授权许可使用合同项下的ZL201420315165.3号"纵向双轮车体"实用新型专利,拟证明该专利与涉案专利主张享有优先权的201410262353.9号"纵向双轮车体"发明专利在先申请完全相同,骑客公司许可波速尔公司使用与涉案专利权的优先权申请内容相同的专利,再以该申请的后续分案专利指控其侵权,有违公序良俗。

经质证,骑客公司对波速尔公司提交的证据1的真实性、合法性、关联性均有异议,认为骑客公司的法定代表人应佳伟在接受采访时并未对波速尔公司主张的事实予以自认,而是明确电平衡车产品"2014年5月全球首发,8月上市",亦即2014年5月仅是产品外形的展示,并非实际销售;对证据2、3的真实性、合法性无异议,但认为与本案缺乏关联,采用轴套与轴承相配合的转动机构本身并非涉案专利所要实现的新功能或新效果,其将转动机构运用于涉案专利才真正体现其创造性,在先专利恰可证明其所体现的整体车架与涉案专利的设计理念完全不同;对证据4的关联性有异议,认为涉案专利对优先权的主张符合《专利审查指南》的规定,应依法享有优先权,涉案专利权评价报告的结论亦对此予以印证;对证据5的真实性无异议,但认为双方签订的授权使用合同还包括商标及防伪标志的实施许可,在被诉侵权产品未按约使用相应标识的情况下，即属于非授权产品，即使存在侵权与违约共存的情形，骑客公司仍享有选择权，波速尔公司以该合同抗辩不能成立；对证据6的真实性、合法性无异议，但认为与本案缺乏关联，不影响本案的侵权评判。

本院经审查认为，波速尔公司并未能证明骑客公司在其电平衡车产品的首发宣传之时已完整展示其内部全部技术特征并已为公众所知。波速尔公司的证据1尚不足以证明其待证事实，不予认定。对证据2、3、4的真实性均予以认可，相关待证事实将在下文的侵权比对及现有技术抗辩审查认定中予以评述。双方对证据5的真实性均无异议，予以确认，至于该合同能否阻却侵权行为成立，亦在下文予以评述。证据6的真实性可予以确认，优先权文本与涉案专利虽有紧密关联，但并不意味着保护范围的当然重合，不影响骑客公司基于自身利益及许可合同履约情况的考量，而另行选择涉案专利提起侵权诉讼，证据6对其待证事实缺乏证明力，不予认定。

本院二审中另查明，骑客公司与波速尔公司在所签订的《骑客平衡车加盟知识产权授权使用合同》中明确约定，乙方（即波速尔公司）制造的授权产品可以销售，但制造和销售的产品上必须具有甲方（即骑客公司）授权的指定标识（如商标、防伪标签等），该销售数量必须至少提前五个工作日告知甲方；未使用甲方授权的指定标识或是使用伪造和仿造甲方指定标识的，不属于授权产品，为非授权产品。二审查明的其他事实与一审判决认定的事实一致。

根据骑客公司的上诉请求和理由以及波速尔公司的答辩意见，本院认为双方当事人二审的争议焦点为：1.被诉侵权产品是否落入了涉案专利权的保护范围；2.波速尔公司主张的现有技术抗辩能否成立；3.双方之间存在的专利技术许可协议是否能阻却涉案被诉侵权行为的成立；4.若构成侵权，应如何合理确定波速尔公司的侵权责任。

关于争议焦点一

将被诉侵权产品与涉案专利权利要求1所记载的技术特征进行比对，双方最主要的争议在于被诉侵权产品是否具备涉案专利权利要求1所限定的"电源，固定于第一底盖和第一内盖之间"及"转动机构，固定于第一内盖和第二内盖的中间"这两项技术特征。

关于电源位置的问题。涉案专利限定为"固定于第一底盖和第一内盖之间"，这既可理解为在第一底盖和第一内盖所形成的空腔内设置相应的连接件，将电池与之相固定；亦可理解为电池固定在底盖或内盖后，其固定后的位置处于第一底盖和第一内盖所形成的空腔内。涉案被诉侵权产品在底盖下部开设有电池的方形通孔，并通过电池两侧的卡扣与通孔的内凹翻边相卡合，实现底盖对电池的初步固定。同时，被诉侵权产品在内盖设计有对应的电池容腔，以使得安装电池后顶盖、底盖及内盖之间可以实现完全闭合；电池的两电极片亦在安装后与内盖上所设的弹性电极片紧密接触，实现电力传输。被诉侵权产品的电池在完全固定后仍处于底盖和内盖所形成的空腔中，位于底盖与内盖之间，符合"电源固定于第一底盖和第一内盖之间"的限定。虽然被诉侵权产品采用了较为精巧的设计，将电池通过卡接于底盖的方式进行初步固定，且能方便电池的取用和更换，增加维修的便利，但此类附加的技术效果并不影响在涉案专利侵权比对中对全面覆盖原则的适用。一审判决对该部分的技术比对认定有误，应予纠正。

关于转动机构的问题。双方的争议主要在于"转动机构"是否属于功能性特征及被诉侵权产品中的转动机构与涉案专利实施例所展示的具体实施方式是否构成等同。《最高人民法院关于审理侵犯专利权纠纷案件应用法律若干问题的解释》第四条规定，对于权利要求中以功能或者效果表述的技术特征，人民法院应当结合说明书和附图描述的该功能或者效果的具体实施方式及其等同的实施方式，确定该技术特征的内容。《最高人民法院关于审理侵犯专利权纠纷案件应用法律若干问题的解释（二）》第八条第一款作出了进一步规定，即功能性特征，是指对于结构、组分、步骤、条件或其之间的关系等，通过其在发明创造中所起的功能或者效果进行限定的技术特征，但本领域普通技术人员仅通过阅读技术要求即可直接、明确地确定实现上述功能或者效果的具体实施方式的除外。本案中，"转动机构"体现了"装置+功能"的典型功能性特征描述方式，在权利要求中并未给出具体的实施方式，实践中关于转动功能的实现亦有多种方式可供选择，凭现有证据尚不足以认定本领域普通技术人员仅通过阅读技术要求，即可直接、明确知晓该转动机构的具体实施方式，故宜将"转动机构"认定为功能性特征。涉案专利文件中所披露的通过轴套与两侧的轴承和卡簧相配合，实现轴套两侧所连接部件之间转动配合的转动机构具体实施方式，是本领域关于转动机构的常见技术方案。被诉侵权产品中，轴套的一端与内盖通过过盈配合及销钉铆接的方式实现相对固定，另一端则通过与轴承、卡簧的配合实现与另一侧内盖的连接。该种转动机构的具体实施方式与涉案专利所示的实施方式之间在整体功能、效果上并无不同，手段上亦基本相同，两者并无实质性区别，是本领域普通技术人员无需创造性劳动即可联想到的简单替换选项，故可认定被诉侵权产品中上述相应技术特征与涉案专利所描述的"转动机构"这一功能性特征构成等同。

此外，波速尔公司在一审中主张被诉侵权产品缺乏感应开关，亦无独立的陀螺仪和加速传感器，其传感功能系由主控板中的集成块实现，故不具有"多个传感器，设置于所述底盖和内盖之间"的技术特征。对此，本院认为，电平衡车需具备多种传感功能，系该领域的常识，波速尔公司亦认可被诉侵权产品具备的集成块能实现多项传感功能。而被诉侵权产品中安装有集成块的电路板处于底盖与内盖之间，符合涉案专利上述技术特征的限定。至于控制器的位置，涉案专利限定为"固定于第二底盖和第二内盖之间"，被诉侵权产品的控制器固定在顶盖下延的塑料支架上，所处位置仍位于第二底盖和第二内盖之间，亦符合涉案专利对控制器的位置限定。至于被诉侵权产品中有关车轮、轮毂电机及控制器根据传感信号控制轮毂电机以驱动相应的车轮转动等方面的设置亦均与涉案专利权利要求1所限定的技术特征相符。波速尔公司提出的相关技术比对差异，经核实，均不能成立，本院不予采信。

综上，被诉侵权技术方案具备了与涉案专利权利要求1记载的全部技术特征相同或等同的技术特征，落入了涉案专利权的保护范围。

关于争议焦点二

现有技术，是指申请日以前在国内外为公众所知的技术。《中华人民共和国专利法》第六十二条规定，在专利侵权纠纷中，被控侵权人有证据证明其实施的技术属于现有技术的，不构成侵犯专利权。《最高人民法院关于审理侵犯专利权纠纷案件应用法律若干问题的解释》第十四条第一款规定，被诉落入专利权保护范围的全部技术特征，与一项现有技术方案中的相应技术特征相同或者无实质性差异的，人民法院应当认定被诉侵权人实施的技术属于专利法第六十二条规定的现有技术。

　　而在本案中，涉案专利是否享有优先权，影响到现有技术比对文件的资格认定问题。关于优先权，《中华人民共和国专利法》第二十九条第二款规定，申请人自发明或者实用新型在中国第一次提出专利申请之日起十二个月内，又向国务院专利行政部门就相同主题提出专利申请的，可以享有优先权。《中华人民共和国专利法实施细则》第十一条第一款规定，除专利法第二十八条和第四十二条规定的情形外，专利法所称申请日，有优先权的，指优先权日。在认定一项专利是否享有其主张的优先权，关键在于认定在后专利是否系与优先权内容为相同主题。依照《专利审查指南》规定，专利法第二十九条所述的相同主题的发明或者实用新型，是指技术领域、所解决的技术问题、技术方案和预期的效果相同的发明或者实用新型。但这里所谓的相同，并不意味在文字记载或者叙述方式上完全一致。此外，优先权的成立与否需要就权利要求进行逐项审查，并非对专利技术方案的整体评判。骑客公司在本案中系主张以涉案专利的权利要求1确定专利权的保护范围。将该项权利要求与其主张优先权的ZL201410262353.9号"纵向双轮车体"发明专利在先申请文本进行比对，涉案专利权利要求1所描述的技术方案、所要解决的技术问题等均在主张优先权的在先专利申请文本中得以体现，得到该在先专利申请文本的支持，并未增加新的发明创造内容，符合享有优先权的条件，这亦可与骑客公司就涉案专利提交的专利权评价报告相印证，本院予以确认。

　　波速尔公司为支持其现有技术抗辩提交了两方面证据，其中其提交的苏宁易购网站的相关证据如前所述，尚不足以证明涉案专利的相关技术特征在专利申请日前已为国内外公众所知，该项现有技术抗辩理由不能成立。而另一方面，其据以主张现有技术抗辩的ＺＬ20142031×××.5号"电动平衡扭扭车"实用新型专利的申请日，与涉案专利的优先权日均为2014年6月13日，故该专利相对于涉案专利而言，并不具有现有技术资格，故对于波速尔公司据此提出的现有技术抗辩，本院不予支持。

　　关于争议焦点三

　　双方签署有《骑客平衡车加盟知识产权授权使用合同》，该合同中虽有"本合同所指的专利是甲方（即骑客公司）许可乙方（即波速尔公司）实施的由中国专利局授权的但不限于以下专利"，但列明的仅有三项专利，其中包括两项实用新型专利和一项外观设计专利，并未直接明确涵盖涉案专利，且波速尔公司亦主张被诉侵权技术方案未按照授权专利实施，故涉案授权使用合同并不影响本院对被诉侵权产品是否落入涉案专利权的保护范围作出独立评判。此外，依据该授权使用合同明确约定，若波速尔公司制造和销售的产品上未使用骑客公司授权的指定标识，即为非授权产品。而在本案中，骑客公司申请宁波海关扣押的由波速尔公司所制造的被诉侵权产品并未使用骑客公司授权的任何指定标识。从该角度而言，波速尔公司有违专利被许可方应履行的义务，骑客公司有权主张涉案被诉侵权产品为非授权产品，并就此提起专利侵权诉讼。双方之间签订的授权使用合同并不能阻却涉案被诉侵权行为的成立。

关于争议焦点四

依照《中华人民共和国专利法》第六十五条规定，侵犯专利权的赔偿数额按照权利人因被侵权所受到的实际损失确定；实际损失难以确定的，可以按照侵权人因侵权所获得的利益确定。权利人的损失或者侵权人获得的利益难以确定的，参照该专利许可使用费的倍数合理确定。赔偿数额还应当包括权利人为制止侵权行为所支付的合理开支。权利人的损失、侵权人获得利益和专利许可使用费均难以确定的，人民法院可以根据专利权的类型、侵权行为的性质和情节等因素，确定给予一万元以上一百万元以下的赔偿。因本案中权利人的损失、侵权人获得的利益均难以确定，亦无涉案专利的合理许可使用费可供参照，故将适用法定赔偿确定本案的赔偿数额。本院主要考虑到：1.双方之间曾就与涉案专利的相关联专利签订授权使用合同，约定入门费为每年10万元，另需按授权产品生产和销售的数量，按照每台10元支付单个产品的知识产权许可费，后波速尔公司共预付款项30万元；2.涉案专利与授权许可专利具有一定关联性，与涉案专利据以主张优先权的专利申请文本具有相同内容的ZL201420315165.3号"纵向双轮车体"实用新型专利，已授权波速尔公司使用；3.本案所涉被诉侵权产品在出口时被海关扣押数量为3530辆，波速尔公司为放行该批货物缴纳了2954363元担保金；4.波速尔公司公证购买的骑客公司SMART系列电平衡车产品的单价为2699元；5.骑客公司为制止侵权行为支出了代理费、公证费等合理维权费用等因素，酌情确定赔偿额为15

万元。

综上，本院认为，骑客公司的部分上诉请求具有事实和法律依据，应予支持。一审判决适用法律错误，应予纠正。依照《中华人民共和国专利法》第十一条第一款、第五十九条第一款、第六十五条，《中华人民共和国民事诉讼法》第一百七十条第一款第二项规定，判决如下：

一、撤销浙江省宁波市中级人民法院（2016）浙02民初1110号民事判决。

二、浙江波速尔运动器械有限公司立即停止制造、销售落入杭州骑客智能科技有限公司ZL201520407602.9号"一种改良电动平衡车"实用新型专利权保护范围的侵权产品的行为。

三、浙江波速尔运动器械有限公司于本判决送达之日起十日内赔偿杭州骑客智能科技有限公司15万元（含合理维权费用）。

四、驳回杭州骑客智能科技有限公司的其他诉讼请求。

若未按本判决指定的期间履行金钱给付义务，则应当依照《中华人民共和国民事诉讼法》第二百五十三条之规定，加倍偿付迟延履行期间的债务利息。

一审案件受理费18300元、保全费5000元，合计23300元，由杭州骑客智能科技有限公司负担10485元，浙江波速尔运动器械有限公司负担12815元；二审案件受理费18300元，由杭州骑客智能科技有限公司负担8235元，浙江波速尔运动器械有限公司负担10065元。

本判决为终审判决。

审判长　周　平

审判员　郭剑霞

审判员　陈　宇

二〇一七年十二月十四日

书记员　王莉莉

┃附录2┃

深圳车泰斗科技有限公司与杭州骑客智能科技有限公司、深圳骑客智能科技有限公司侵权责任纠纷一审民事判决书

（2017）粤0306民初23478号

原告深圳车泰斗科技有限公司。

法定代表人张殿旋，执行董事。

委托代理人张愉庆，广东广和律师事务所律师。

委托代理人萨柏丽，广东广和律师事务所实习律师。

被告杭州骑客智能科技有限公司。

法定代表人应佳伟，执行董事。

被告深圳骑客智能科技有限公司。

法定代表人陈益华。

二被告共同委托代理人朱爱军，广东君龙律师事务所律师。

二被告共同委托代理人庄宇霖，广东君龙律师事务所实习律师。

原告深圳车泰斗科技有限公司（以下简称"车泰斗公司"）与被告杭州骑客智能科技有限公司（以下简称"杭州骑客公司"）、深圳骑客智能科技有限公司（以下简称"深圳骑客公司"）侵权责任纠纷一案，本院受理后，依法适用普通程序，公开开庭进行了审理。原告委托代理人张愉庆、萨柏丽，二被告共同委托代理人朱爱军，庄宇霖均到庭参加了诉讼，本案现已审理终结。

原告诉称，被告杭州骑客公司为被告深圳骑客公司的控股股东。两被告相互联合，先以专利授权的方式骗取原告"加盟费"，然后又出尔反尔声明不存在专利授权的情形并且申请海关查扣原告货物，构成原告合法权益的侵犯，应承担相应的侵权责任。具体事实和理由如下：2015年8月初，两被告邀请原告加入"华南片区骑客联盟"，后以被告深圳骑客公司的名义与原告签订合同并声称，被告杭州骑客公司享有电动平衡扭扭车相关专利，被告杭州骑客公司已授权被告深圳骑客公司就前述专利在华南地区进行专利维权、专利维护、专利授权以及经营销售专利产品相关业务，被告深圳骑客公司将以普通许可的方式授权原告使用前述专利，并要求原告支付加盟费人民币10万元。原告为此向被告深圳骑客公司支付了人民币10万元费用。被告杭州骑客公司作为被告深圳骑客公司的控股股东，对被告深圳骑客公司的经营情况完全掌握，对上述情况也知悉并且认可，特别是，2015年9月20日，被告杭州骑客公司的法定代表人应佳伟还专门组织召开了"华南片区骑客联盟会议"，并邀请原告的法定代表人张殿旋参加了该会议并举行了授权仪式。然而，在两被告实施上述收取"加盟费"、举行授权仪式这一系列行为之后，被告杭州骑客公司却于2016年4月15日发布《杭州骑客智能科技有限公司专利声明》，声称"并未授予任何公司专利权"，随后被告杭州骑客公司向深圳海关申请扣留原告的出口货物，原告因此遭受重大损失。事实上，除了原告受邀参加的授权仪式之外，被告杭州骑客公司还在其他地区举行了类似的授权仪式，例如，2016年9月27日，被告杭州骑客公司在浙江永康也举行了类似的骑客授权大会。可见，被告杭州骑客公司所作的声明内容严重失实。原告认为，被告杭州骑客公司和被告深圳骑客公司恶意串通，先以专利授权的名义，骗取原告的信任和所谓"加盟费"，然后又由被告杭州骑客公司发表未授权声明和申请海关扣货，这一系列行为使原告无法正常经营，因此遭受了重大损失。两被告明知该等行为会使原告无法正常生产、销售及出口货物，但仍然联合起来实施该等行为，存在明显的过错。特别是两被告主动举办授权仪式但却事后声明"未授予任何公司专利权"，明显存在恶意。事实上，因为两被告的前述行为，原告支付了所谓的"加盟费"，向海关支付了反担保金，被迫取消了大量货物的出口计划，因此已经并正在遭受严重的经济损失。两被告的过错与原告的损失之间具有直接的因果关系。因此，两被告的行为已经构成侵权，应该承担相应的侵权责任。为了维护其自身合法权益，诉至法院，请求判令：1.被告杭州骑客公司和被告深圳骑客公司连带向原告赔偿因其侵权行为而遭受的损失,暂计人民币2710000元;2.判令两被告承担本案的全部诉讼费用。庭审中,原告将第一项诉讼请求变更为333272.85元,具体各项损失为加盟费10万元、海关查扣的保证金利息23392.85元,为应对被告提起的专利侵权诉讼原告支付的律师费5000元,原告主张自身合法权益提起本案诉讼的律师费10万元,公证费3880元,电子证据固化服务费1000元,原告的相关名誉损失10万元。

两被告共同答辩意见称,原告在本案中适用的法律关系错误,双方应当属于合同纠纷,并非侵权纠纷,因原告没有按照合同约定履行向被告采购原材料的义务,构成先行违约,导致被告通知其解除合同,最后采取相关维权的措施,所有后果应由原告自行承担,两被告不应承担任何责任。

经查明,2015年8月29日,被告深圳骑客公司作为甲方与原告作为乙方签订《专利授权使用合同》(以下简称"合同"),合同约定:被告深圳骑客公司将ZL201420314351.5、ZL201423015165.3实用新型专利及ZL201430180556.4外观专利许可原告使用;许可方式为普通许可;许可范围为电动扭扭车成品的加工、组装,一般贸易;许可期限为十二个月(2015年9月1日至2016年9月1日);许可费用为拾万元人民币整。该合同第三条第1款约定:乙方生产"电动平衡扭扭车"系列产品所需要的全部原材料必须优先由深圳骑客智能科技有限公司统一配货;第四条第1款约定:乙方将与本专利授权产品相关生产情况的详细资料向甲方汇报,资料中包括但不限于料单、产品数量和型号等。如甲方自身供货不足的情况下,允许乙方从其他渠道自行购买。合同签订后,原告于2015年9月1日向被告深圳骑客公司支付10万元。

原告根据上述专利许可生产了平衡车1000辆,并于2016年5月11日向蛇口海关提交了《中华人民共和国海关出口货物报关单》(报关单号530420160045371884)报关出口。2016年5月20日,深圳海关根据被告杭州骑客公司的申请,向原告发出《深圳海关扣留侵权嫌疑货物通知书》,扣留上述报关单项下货物。原告于2016年5月25日向深圳海关缴纳担保金884000元。2016年5月27日,深圳海关作出《解除扣留决定书》,解除了原告上述报关货物的扣留。2016年12月29日,深圳海关向原告退还担保金884000元。

2016年6月11日,被告杭州骑客公司以原告侵害其专利权为由向深圳市中级人民法院起诉原告。2016年7月17日，深圳市中级人民法院作出（2016）粤03民初1011、1012号民事裁定书，裁决准许杭州骑客公司撤回两案起诉。为了应诉上述两案，原告委托广东良马律师事务所代理诉讼，并支付了律师费5000元。

另查明，原告为了本案的诉讼支付了公证费3880元，电子证据固化服务费1000元，律师费100000元。

再查明，被告杭州骑客公司持有被告深圳骑客公司100%股权。涉案ZL201420314351.5、ZL201423015165.3实用新型专利及ZL201430180556.4外观专利的登记权利人为被告杭州骑客公司。2016年4月15日，被告杭州骑客公司发布《专利声明》，声明包括ZL201420314351.5、ZL201423015165.3实用新型专利及ZL201430180556.4外观专利并未授权许可他人使用。在庭审中，被告杭州骑客公司称，被告深圳骑客公司自行决定与原告签订了涉案《专利授权使用合同》，但鉴于被告深圳骑客公司与其存在关联关系，因此，默许了被告深圳骑客公司与原告签订涉案合同。两被告未向本院提交证据证明其曾通知原告解除涉案的《专利授权使用合同》。

以上事实有《专利授权使用合同》《深圳海关扣留侵权嫌疑货物通知书》《深圳海关扣留侵权嫌疑货物通知书》等证据以及庭审笔录为证。

本院认为，关于是否构成侵权问题。被告深圳骑客公司系杭州骑客公司的全资控股子公司，且被告杭州骑客公司也承认其认可被告深圳骑客公司与原告签订的《专利授权使用合同》，因此，原告与被告深圳骑客公司签订的《专利授权使用合同》合法有效。根据合同约定原告在许可期限内（2015年9月1日至2016年9月1日）有权使用涉案的ZL201420314351.5、ZL201423015165.3实用新型专利及ZL201430180556.4外观专利。两被告称已解除了上述合同专利转让合同，但并未提供证据证明其主张，应承担举证不能的不利后果。在许可期限内，且涉案专利许可合同未经确认解除的情况下，被告杭州骑客公司以原告侵犯其专利权为由申请海关扣留原告依据涉案专利许可合同生产货物以及对原告提起侵权之诉，显然缺乏法律和合同依据，损害了原告的合法权益，并给原告造成一定的经济损失，因此，被告杭州骑客公司的行为构成了侵权行为，应承担相应的侵权责任。

关于损失范围。由于被告杭州骑客公司的侵权行为，导致原告向海关缴纳担保金的利息损失及支付有关参加诉讼费用，故被告杭州骑客公司应予以赔偿。关于利息损失，原告主张以884000元为基数，按中国人民银行同期贷款利率从2015年5月25日计算至2016年12月29日止，该项请求合理合法，本院予以支持。关于本案公证费3880和电子证据固化服务费1000元，该两项费用为必要的诉讼支付费用且数额较为合理，本院予以支持。关于为应诉被告杭州骑客公司提起的专利侵权诉讼支付的律师费5000元，该费用的支出事由和金额合理，本院予以支持。关于原告为本案支付律师费100000元，结合原告主张损失总额，本院酌定支持原告律师费损失30000元。关于加盟费100000元，该费用属于双方在专利许可合同中约定标的，不属于因本案侵权行为所导致损失，因此，该项请求本院不予支持。关于名誉损失100000元，被告杭州骑客公司在授权许可原告使用其专利之后，又声明未授权他人使用其专利，并以专利侵权为由起诉原告，不仅给原告造成直接经济损失，也会影响原告商业信誉，因此，本院酌定被告应赔偿原告名誉损失50000元。

关于被告深圳骑客公司是否应承担连带责任。原告提供的证据并不足以证明被告深圳骑客公司实施或共同参与本案侵权行为，因此，原告主张被告深圳骑客公司与被告杭州骑客公司承担连带赔偿责任，缺乏事实和法律依据，本院不予支持。

关于被告杭州骑客公司辩称原告未按合同约定向其采购原材料，应赔偿其经济损失。本院认为，本案系侵权纠纷之诉，如被告杭州骑客公司认为原告存在违约事实，应另行主张权利。

综上所述，依照《中华人民共和国侵权责任法》第二条、第六条、第十九条，以及《中华人民共和国民事诉讼法》第六十四条第一款之规定，判决如下：

一、被告杭州骑客智能科技有限公司应自本判决生效之日起3日内赔偿原告深圳车泰斗科技有限公司公证费3880和证据固定服务费1000元、律师费35000元、名誉损失50000元及利息损失（以884000元为基数，按中国人民银行同期贷款利率从2015年5月25日计算至2016年12月29日止）；

二、驳回原告的其他诉讼请求。

如果未按本判决指定的期限履行金钱给付义务，则应按《中华人民共和国民事诉讼法》第二百五十三条的规定，加倍支付迟延履行期间的债务利息。

本案受理费6299元，均由被告杭州骑客智能科技有限公司负担，原告已预交受理费28480，多预交的22181元本院予以退还。

如不服本判决，可在判决书送达之日起十五日内，向本院递交上诉状，并按对方当事人的人数提出副本，上诉于深圳市中级人民法院。

审判长　王　辉

人民陪审员　金炳德

人民陪审员　胡铁梅

二O一七年七月五日

书记员　郑淦元

书记员　卢风帆（兼）

| 附录3 |

337-TA-1000: Procedural History and Infringement about claim 1

U.S. International Trade Commission

Washington, DC 20436
www.usitc.gov

In the Matter of

CERTAIN MOTORIZED SELF-BALANCING VEHICLES

Investigation No. 337-TA-1000

Publication 4930   **August 2019**

UNITED STATES INTERNATIONAL TRADE COMMISSION
Washington, D.C.

In the Matter of **CERTAIN MOTORIZED SELF-BALANCING VEHICLES**	Investigation No. 337-TA-1000

**NOTICE OF A COMMISSION DETERMINATION TO REVIEW-IN-PART AN
INITIAL DETERMINATION FINDING NO VIOLATION OF SECTION 337; ON
REVIEW, TO VACATE ONE PORTION OF THE INITIAL DETERMINATION AND
TAKE NO POSITION ON ONE ISSUE; AND AFFIRMANCE OF THE FINDING OF NO
VIOLATION AND TERMINATION OF THE INVESTIGATION**

AGENCY: U.S. International Trade Commission.

ACTION: Notice.

SUMMARY: Notice is hereby given that the U.S. International Trade Commission has
determined to review-in-part a final initial determination ("ID") of the presiding administrative
law judge ("ALJ") finding no violation of section 337.   On review, the Commission has
determined to vacate one portion of the ID and to take no position with respect to one issue.
The Commission has also determined to affirm the ID's finding of no violation of section 337
and has terminated the investigation.

FOR FURTHER INFORMATION CONTACT: Clint Gerdine, Esq., Office of the General
Counsel, U.S. International Trade Commission, 500 E Street, SW., Washington, D.C. 20436,
telephone (202) 708-2310.   Copies of non-confidential documents filed in connection with this
investigation are or will be available for inspection during official business hours (8:45 a.m. to
5:15 p.m.) in the Office of the Secretary, U.S. International Trade Commission, 500 E Street,
SW., Washington, D.C. 20436, telephone (202) 205-2000.   General information concerning the
Commission may also be obtained by accessing its Internet server at *https://www.usitc.gov.*
The public record for this investigation may be viewed on the Commission's electronic docket
(EDIS) at *https://edis.usitc.gov.*   Hearing-impaired persons are advised that information on this
matter can be obtained by contacting the Commission's TDD terminal on (202) 205-1810.

SUPPLEMENTARY INFORMATION: The Commission instituted this investigation on
May 26, 2016, based on a complaint filed on behalf of Razor USA LLC of Cerritos, California;
and Inventist, Inc. and Shane Chen, both of Camas, Washington.   81 FR 33548-49.   The
complaint alleged violations of section 337 of the Tariff Act of 1930, as amended, 19 U.S.C.
1337, by reason of infringement of certain claims of U.S. Patent No. 8,738,278 ("the '278
patent").   The complaint further alleged violations of section 337 based upon false advertising,

194/ 专 | 利 | 商 | 战 | 启 | 示 | 录

misrepresentation, and unfair competition, the threat or effect of which is to destroy or substantially injure an industry in the United States or to prevent the establishment of such an industry.　The Commission's notice of investigation named the following twenty-eight respondents:　Contixo Co. of Ontario, California and ZTO Store a.k.a. ZTO Trading, Inc. of Monterey Park, California (collectively, "Contixo"); Joy Hoverboard a/k/a Huizhou Aoge Enterprise Co. Ltd ("Joy Hoverboard") of Huizhou, China; Shenzhen Chenduoxing Electronic Technology Ltd. ("Chenduoxing"), Shareconn International, Inc. ("Shareconn"), and Shenzhen R.M.T. Technology Co., Ltd. ("RMT"); all of Guangdong, China; Cyboard LLC a/k/a Shark Empire Inc. ("Cyboard") of Glendale, California; GyroGlyder.com ("GyroGlyder") of Stockton, California; Soibatian Corporation d.b.a. IO Hawk and d.b.a. Smart Wheels ("Soibatian") of Glendale, California; PhunkeeDuck, Inc. ("PhunkeeDuck") of Floral Park, New York; Shenzhen Jomo Technology Co., Ltd. ("Jomo") of Shenzhen City, China; Shenzhen Kebe Technology Co., Ltd. ("Kebe") and Shenzhen Supersun Technology Co. Ltd., a.k.a. Aottom ("Supersun"), both of Shenzhen, China; Twizzle Hoverboard ("Twizzle") of La Puente, California; Uwheels of Santa Ana, California; InMotion Entertainment Group LLC ("InMotion") of Jacksonville, Florida; HoverTech of Hebron, Kentucky; Leray Group a/k/a ShanDao Trading Co., Ltd. ("Leray") of Beijing, China; Spaceboard USA ("Spaceboard") of Norcross, Georgia; Genius Technologies a.k.a. Prime Capital ("Genius Technologies") of Hastings, Minnesota; Hangzhou Chic Intelligent Co., Ltd. ("Chic") of Hangzhou, China; Swagway, LLC ("Swagway") of South Bend, Indiana; Modell's Sporting Goods, Inc. ("Modell's") of New York City, New York; Powerboard a.k.a. Optimum Trading Co. ("Powerboard") of Hebron, Kentucky; United Integral, Inc. dba Skque Products ("Skque") of Irwindale, California; Alibaba Group Holding Ltd. of Causeway Bay, Hong Kong and Alibaba.com Ltd. of Hangzhou, China (collectively, "Alibaba"); Jetson Electric Bikes LLC ("Jetson") of New York City, New York; and Newegg, Inc. ("Newegg") of City of Industry, California.　The Office of Unfair Import Investigations ("OUII") is also a party to the investigation.　*Id.*　Eight respondents remain in the investigation, *i.e.*, Chic, Swagway, Modell's, Powerboard, Skque, Alibaba, Jetson, and Newegg (collectively, "respondents"). Every other respondent was terminated from the investigation based on a consent order stipulation and proposed consent order or good cause, or was found in default.

On August 10 and November 17, 2016, respectively, the Commission issued notice of its determinations not to review the ALJ's IDs (Order Nos. 11 and 22) terminating the investigation as to Contixo based on a consent order stipulation and proposed consent order, and as to InMotion based on a consent order stipulation, proposed consent order, and settlement agreement.　On October 19 and 27, 2016, respectively, the Commission issued notice of its determinations not to review the ALJ's IDs (Order Nos. 19 and 20) terminating the investigation as to claim 9 of the '278 patent and claim 4 of the patent.　On September 7, October 11, and December 13, 2016, respectively, the Commission issued notice of its determinations not to review the ALJ's IDs (Order Nos. 14, 18, and 26) finding respondents GyroGlyder, Soibatian, PhunkeeDuck, Jomo, Kebe, Supersun, Twizzle, and Uwheels in default, respondents Joy Hoverboard, Chenduoxing, Shareconn, RMT, and Cyboard in default, and respondents HoverTech, Leray, and Spaceboard in default, respectively.　On January 17, 2017, the Commission issued notice of its determination not to review the ALJ's ID (Order No. 27) terminating the investigation as to Genius Technologies for good cause.　On February 15, 2017, the Commission issued notice of its determination not to review the ALJ's ID (Order No. 42)

2

granting complainants' unopposed motion to terminate the investigation as to their Lanham Act, common law, and state unfair and deceptive trade practices allegations under section 337(a)(1)(A).

On May 26, 2017, the ALJ issued his final ID and recommended determination ("RD") on remedy and bonding. The ID finds that Alibaba is not an agent of the other respondents and therefore is not within the jurisdiction of section 337. It also finds that none of the respondents' accused products infringe the '278 patent, but that all of the defaulting respondents' accused products infringe the asserted patent based on taking the allegations in the complaint as true. The ID also finds that the technical prong of the domestic industry requirement was not satisfied with respect to the '278 patent. The cover page of the ID/RD, however, states that a violation of section 337 was found, page 75 of the ID/RD states that a violation was found as to the defaulting respondents, and the separately issued "Notice Regarding Initial Determination on Violation of Section 337 and Recommended Determination on Remedy and Bond" (May 26, 2017) ("Notice Regarding the ID") states that a violation of section 337 was found. On June 5, 2017, the ALJ issued an erratum clarifying that there was no violation of section 337 because complainants had not satisfied the technical prong of the domestic industry requirement. He also issued a corrected ID/RD and Notice Regarding the ID on June 5, 2017; however, the error on page 75 of the ID/RD was not corrected. The Commission clarifies that the erratum also applies to (1) page 75 of the ID/RD and corrects that page to delete the statement that a violation has been found as to the defaulting respondents; and (2) footnote 47 on the same page, and corrects the footnote by striking "infringe the '278 patent" and substituting "violate section 337".

On June 12, 2017, OUII, complainants, respondent Chic, and a group of three respondents (Swagway, Modell's, and Newegg) filed separate petitions for review of the final ID. On June 20, 2017, OUII, complainants, respondent Jetson, respondent Alibaba, and a group of four respondents (Swagway, Modell's, Chic, and Newegg) filed separate responses to the opposing petitions.

Having examined the record of this investigation, including the ID, the parties' petitions for review, and the responses thereto, the Commission has determined to review-in-part the final ID. Specifically, the Commission has determined to review (1) the ID's finding that the Commission has no jurisdiction over Alibaba; and (2) the ID's analysis regarding infringement by the defaulting respondents. The Commission has determined not to review the remainder of the final ID.

On review with respect to issue (1), the Commission determines to take no position on the ID's finding that the Commission has no jurisdiction over Alibaba. On review with respect to issue (2), the Commission vacates the ID's findings in the last paragraph on page 39 (and paragraph 5 on page 72, as well as the first sentence on page 83) that complainants have established that the defaulting respondents infringe the '278 patent. These respondents have been found in default by virtue of their failure to respond to the complaint and notice of investigation. *See* Comm'n Notice (September 7, 2016); Comm'n Notice (October 11, 2016); Comm'n Notice (December 13, 2016). Section 337(g)(1), 19 U.S.C. 1337(g)(1), provides the conditions and procedures applicable for issuing a default remedy. In light of the

Commission's determination not to review the remainder of the final ID, including but not limited to the finding that the technical prong of the domestic industry requirement for the '278 patent has not been satisfied, the analysis under Section 337(g)(1) is moot.

The Commission therefore affirms the ID's finding of no violation of section 337 and terminates the investigation.

The authority for the Commission's determination is contained in section 337 of the Tariff Act of 1930, as amended, 19 U.S.C. 1337, and in part 210 of the Commission's Rules of Practice and Procedure, 19 CFR part 210.

By order of the Commission.

Lisa R. Barton
Secretary to the Commission

Issued: July 28, 2017

4

Certificate of Service – Page 5

Shenzhen Supersun Technology Co. Ltd., a.k.a. Aottom Rm. 2308A, 2308B, International Cultural Building, Futian Road, Futian District, Shenzhen, Buangdong, China 518033	☐ Via Hand Delivery ☐ Via Express Delivery ☒ Via First Class Mail ☐ Other:_____
Spaceboard USA 604 Oakmont Lane Norcross, GA 30093	☐ Via Hand Delivery ☐ Via Express Delivery ☒ Via First Class Mail ☐ Other:_____
Twizzle Hoverboard 18193 Valley Blvd. La Puente, CA 91744	☐ Via Hand Delivery ☐ Via Express Delivery ☒ Via First Class Mail ☐ Other:_____
Uwheels 3007 N. Main St. Santa Ana, CA 92705	☐ Via Hand Delivery ☐ Via Express Delivery ☒ Via First Class Mail ☐ Other:_____

I.　INTRODUCTION

A.　Procedural History

On March 22, 2016, Complainants Razor USA LLC, Inventist, Inc., and Shane Chen (collectively, "Complainants") filed a Complaint alleging violations of section 337 based upon the importation into the United States, the sale for importation, and the sale within the United States after importation of certain motorized self-balancing vehicles. *See* 81 Fed. Reg. 33,548-50 (Mar. 22, 2016). Complainants supplemented the Complaint on March 23, April 12 and 13, and May 5, 2016. *Id.*

On May 26, 2016, the Commission instituted this Investigation. *Id.* Specifically, the Commission instituted this Investigation to determine:

> (a) Whether there is a violation of subsection (a)(1)(B) of section 337 in the importation into the United States, the sale for importation, or the sale within the United States after importation of certain motorized self-balancing vehicles by reason of infringement of one or more of claims 1–9[1] of the '278 patent, and whether an industry in the United States exists as required by subsection (a)(2) of section 337.[2]

Id.

---

[1] Claims 4 and 9 have been terminated from this Investigation. (*See* Order Nos. 19 (Sept. 20, 2016) and 20 (Sept. 27, 2016); *see also* Notice of Comm'n Determination Not to Review an Initial Determination Terminating the Investigation as to Claim 9 of U.S. Patent No. 8,738,278 (Oct. 19, 2016); Notice of Comm'n Determination Not to Review an Initial Determination Terminating the Investigation as to Claim 4 of U.S. Patent No. 8,738,278 (Oct. 27, 2016).)

[2] The Commission also instituted this Investigation to determine "whether there is a violation of subsection (a)(1)(A) of section 337 in the importation into the United States, or in the sale of certain motorized self-balancing vehicles by reason of false advertising and misrepresentation and unfair competition, the threat or effect of which is to destroy or substantially injure an industry in the United States or to prevent the establishment of such an industry." 81 Fed. Reg. 33,549 (May 26, 2016). These claims have been terminated from this Investigation. (*See* Order No. 42 (Jan. 30, 2017); *see also* Notice of Comm'n Determination Not to Review an Initial Determination Terminating the Investigation as to Complainants' False Advertising, Misrepresentation, and Unfair Competition Claims under Section 337(a)(1)(A) (Feb. 15, 2017).)

The Notice of Investigation named 28 respondents. During the course of this Investigation, a number of respondents have been found in default,[3] others have been terminated based on a consent order stipulation[4] or for good cause.[5] On August 9, 2016, the undersigned found Respondents GyroGlyder.com, Soibatian Corporation d.b.a. IO Hawk and d.b.a. Smart Wheels, Shenzhen Kebe Technology Co., Ltd., PhunkeeDuck, Inc., Shenzhen Jomo Technology Co., Ltd., Shenzhen Supersun Technology Co. Ltd., a.k.a. Aottom, Twizzle Hoverboard, and Uwheels in default.[6] (*See* Order No. 14.) On August 11, 2016, the undersigned found five additional respondents in default – Joy Hoverboard a/k/a Huizhou Aoge Enterprize Co. Ltd., Shenzhen Chenduoxing Electronic Technology Ltd., Shareconn International, Inc., Shenzhen R.M.T. Technology Co., and Cyboard LLC a/k/a Shark Empire Inc.[7] (*See* Order No. 15.) On October 27, 2016, the undersigned found Respondents HoverTech, Leray Group a.k.a. ShanDao Trading Co., Ltd., and Spaceboard USA in default.[8] (*See* Order No. 24.) None of the Defaulting Respondents have contested Complainants' allegations that they have violated and continue to violate section 337. Hangzhou Chic Intelligent Technology Co., Ltd. ("Chic"), Swagway, LLC ("Swagway"), Modell's Sporting Goods, Inc. ("Modell's"), Powerboard a.k.a. Optimum Trading

---

[3] Those respondents found in default are referred to herein as the "Defaulting Respondents."

[4] Respondents InMotion Entertainment Group LLC, Contixo Co., and ZTO Store a.k.a. ZTO Trading, Inc. were terminated based on a consent order stipulation and proposed consent order. (*See* Order Nos. 11 (July 12, 2016) and 22 (Oct. 19, 2016).) The Commission determined not to review these initial determinations. (*See* Notice of Comm'n Determination Not to Review an Initial Determination Terminating the Investigation as to Respondents Contixo Co. and ZTO Store A.K.A. ZTO Trading, Inc. Based on a Consent Order Stipulation and Consent Order (Aug. 10, 2016); Notice of Comm'n Determination Not to Review an Initial Determination Terminating the Investigation as to Respondent InMotion Entertainment Group LLC Based on a Consent Order Stipulation, Proposed Consent Order, and Settlement Agreement (Nov. 17, 2016).)

[5] Respondent Genius Technologies a.k.a. Prime Capital was terminated for good cause pursuant to Commission Rule 210.21(a)(1). (*See* Order No. 27 (Dec. 15, 2016).) The Commission did not review this initial determination. (*See* Notice of a Comm'n Decision Not to Review an Initial Determination Terminating the Investigation as to Respondent Genius Technologies A.K.A. Prime Capital for Good Cause (Jan. 17, 2017).)

[6] The Commission determined not to review this initial determination. (*See* Notice of Comm'n Determination Not to Review an Initial Determination Finding Eight Respondents in Default (Sept. 7, 2016).)

[7] The Commission determined not to review this initial determination. (*See* Notice of Comm'n Determination Not to Review an Initial Determination Finding Five Respondents in Default (Oct. 11, 2016).)

[8] The Commission determined not to review this initial determination. (*See* Notice of a Comm'n Determination Not to Review an Initial Determination Finding Three Respondents in Default (Dec. 13, 2016).)

Co. ("Powerboard"), United Integral, Inc. dba Skque Products ("Skque"), Alibaba Group Holding Ltd. and Alibaba.com Ltd. (collectively, "Alibaba"), Jetson Electric Bikes LLC ("Jetson"), and Newegg, Inc. (collectively, "Respondents") are the only respondents who remain active in this Investigation.

The evidentiary hearing was held February 13–17, 2017.

B. The Private Parties

1. Complainants

a) Inventist, Inc.

Inventist is a family-owned and operated corporation organized and existing under the laws of Washington. (Compl. at ¶ 15.) Inventist conceives, designs, develops, and commercializes sports-related products. (*Id.*)

b) Shane Chen

Shane Chen is the founder, President, and co-owner of Invetist. (*Id.*) Mr. Chen is also the owner of the patent-in-suit, subject to certain exclusive license rights granted to Razor and Inventist. (*Id.* at ¶ 10.)

c) Razor USA LLC

Razor is a privately-held limited liability company organized and existing under the laws of Delaware with its principal place of business in Cerritos, California. (*Id.* at ¶ 17.) Razor designs and develops in the United States human and battery-powered scooters and vehicles. (*Id.* at ¶ 18.) In November 2015, Razor entered into a patent and trademark license agreement with Shane Chen and Inventist, whereby Razor was granted certain exclusive rights to the '278 patent. Razor was also granted the right to use the trademark Hovertrax™ in connection with the Razor Hovertrax. (*Id.* at ¶¶ 14, 19.)

2. **Respondents**

a) **Alibaba Group Holding Ltd. and Alibaba.com Ltd.**

Alibaba Group Holding Ltd. ("AGHL") is a Cayman Islands holding company with its principal operating business located in Hong Kong. (*Id.* at ¶ 21.) AGHL directly or indirectly owns a number of operating companies, including Alibaba.com Ltd. ("Alibaba.com"). (RIB at 2 n. 1.) Alibaba.com is a wholly-owned subsidiary of AGHL and is also incorporated in the Cayman Islands. (Compl. at ¶ 23.) Alibaba.com's principal operating business is located in Hangzhou, China. (*Id.*) Alibaba.com focuses on wholesale commerce for the global market. (RX-0265C at Q/A 6-7.)

b) **Hangzhou Chic Intelligent Technology Co., Ltd.**

Chic is a Chinese corporation with its principal place of business located in Hangzhou, China. (Compl. at ¶ 28.)

c) **Swagway, LLC**

Swagway is an Indiana corporation with its principal place of business in South Bend, IN. (*Id.* at ¶ 53.)

d) **Modell's Sporting Goods, Inc.**

Modell's is a New York corporation with its principal place of business located in New York, NY. (*Id.* at ¶ 42.)

e) **Jetson Electric Bikes LLC**

Jetson is a limited liability company with its principal place of business in New York, NY. (*Id.* at ¶ 38.)

f) Powerboard a.k.a. Optimum Trading Co.

Powerboard is a U.S. company with its place of business located at 1600 Worldwide Blvd., Hebron, KY. (*Id.* at ¶ 45.)

g) United Integral, Inc. dba Skque Products

Skque is a California company with its principal place of business in Irwindale, CA. (*Id.* at ¶ 51.)

h) Newegg.com Inc.

Newegg is a Delaware corporation with its principal place of business in City of Industry, CA. (*Id.* at ¶ 43.)

C. Asserted Patent – U.S. Patent No. 8,738,278

The '278 patent, entitled "Two-Wheel, Self-Balancing Vehicle with Independently Movable Foot Placement Sections," issued on May 27, 2014. Shen Chen is the named inventor. The '278 patent is directed to "two-wheel, self-balancing vehicles" and, in particular, "to such vehicles with two platform sections or areas that are independently movable with respect to one another." (JX-001 at 1:15-18.)

D.　Products at Issue

1.　The Accused Products

Complainants accuse the following products of infringing claim 1-3 and 5-8 of the '278 patent:

RESPONDENT	PRODUCTS AT ISSUE
Chic	Smart B, Smart C, Smart F, Smart S, and ▇ products[9]
Swagway	Swagway X1, Swagtron T1, Swagtron T3
Jetson	V-5, V-6, V-8
Skque	Smart Balance Wheel
Powerboard	Hoverboard
Modell's	Swagway's X1, T1, and T3 products
Newegg	Swagway's X1, T1, and T3 products
Alibaba	Chic's Smart B, Smart C, Smart F, and Smart S products

(CPHB at 16-17, 41, 72.)

2.　The Domestic Industry Products

Complainants contend that the following devices practice at least one claim of the '278 patent:

- Inventist Hovertrax

- Razor Hovertrax and Hovertrax DLX 1.0

---

[9] Order No. 44 requested briefing from the parties on whether the Commission has *in rem* jurisdiction as to Chic's ▇ products. In their response, Complainants conceded that the Commission has *in rem* jurisdiction over the ▇ products. (*See* Complainants' Response to Order No. 44 at 3 (Feb. 9, 2017) ("The Commission therefore has *in rem* jurisdiction over all Chic motorized self-balancing vehicles, including any future products that might fall within the scope of the NOI such as the ▇ product."); *see also* Bullock, Tr. at 13:2-5 ("Ruling in response to Order No. 44. Based on the parties' submissions, there appears to be no dispute that the Commission has *in rem* jurisdiction over the ▇ products.").) To the extent Complainants now argue that the ▇ products are not sufficiently final and thus any infringement determination would be akin to an advisory opinion, such an argument has been waived. *See* Section V.B.3., *infra.*

-6-

7. The device of claim 5, wherein the first drive wheel extends from the first housing section on an end substantially opposite where the first housing section is coupled to the second housing section, and the second drive wheel extends from the second housing section on an end substantially opposite where the second housing section is coupled to the first housing section.

8. The device of claim 1, further comprising a platform sensor provided at at least one of the first and second foot placement sections that detects when a user is standing on that foot placement section.

2. Claim Construction

On November 1, 2016, Order No. 25 issued construing the following claim limitations of

the '278 patent:

TERM	CLAIM(S)	CLAIM CONSTRUCTION
"control logic" and related terms	1 and 6	electronic control circuitry
"foot placement section"	1-3, 5, and 7-8	Plain and ordinary meaning
"substantially [parallel/ linearly/opposite]"	1, 3, and 7	Plain and ordinary meaning

(Order No. 25 at 8-21 (Nov. 1, 2016).)

B. Infringement

Complainants assert that the accused products infringe claims 1-3 and 5-8 of the '278

patent.

1. Claim 1

a) "A two-wheel, self-balancing vehicle device, comprising:"

The majority of the Respondents do not contest that the preamble is met.[14] The evidence

shows that these accused products satisfy the preamble. (CX-182C at Q/A 203-204 (Chic), 271-

273 (Swagway), 374-375 (Skque); CPX-007 – CPX-012, CPX-015.) Powerboard and Jetson

---

[14] The parties do not address whether the preamble is limiting. In light of the undersigned's findings, it is unnecessary to decide this issue.

allege that their products do not infringe because they are not self-balancing. (RIB at 22-23.) Powerboard and Jetson ground this argument in the fact that "neither the Powerboard nor the Jetson accused products righted themselves when powered on." (*Id.* at 22.)

Complainants assert that "there is no meaningful dispute that all of the Accused Products perform self-balancing." (CIB at 20.) Complainants explain how Dr. Richter verified that each of the accused products drive the wheels towards self-balancing and that, while he "couldn't balance on [the products] with the power off," he "could balance on [them] with the power on." (*Id.* at 21 (quoting Richter, Tr. at 441:4-10).) Complainants further note that the claims do not require self-balancing in the absence of a human operator riding upon the product. (*Id.*)

Staff asserts that "[t]he evidence clearly demonstrates that all the accused products, including Powerboard's and Jetson's are self-balancing." (SIB at 31.)

The undersigned agrees with Complainants and Staff that the evidence shows that both Powerboard's and Jetson's products are self-balancing. In fact, the evidence is overwhelming on this point and consists of testimony from each of the testifying experts, one of Chic's engineers, and Powerboard's and Jetson's own documents. (CX-182 at 331-332 (Jetson), 413-414 (Powerboard); Richter, Tr. at 531:10-539:1; Nourbakhsh, Tr. at 711:2-17; Singhose, Tr. at 834:24-835:3, 970:8-11.) CPX-013 – CPX-015 (physical accused products); CX-206C at .0001, .0002 (Powerboard's product specification describing product as a "self-balancing scooter"); CX-1380 at .003 (user manual for Jetson's V-5 device describing product as a "self-balancing scooter"); JX-17C at 12:6-16 (deposition transcript of Powerboard employee); Lin, Tr. at 632:22-25 (Chic engineer).) Respondents – including Powerboard and Jetson – themselves acknowledge, without any disclaimer: "There is no dispute that position sensors generate data used to drive the wheels towards self-balancing." (RIB at 16.)

- 19 -

Powerboard and Jetson attempt to circumvent this evidence by arguing that their products are not self-balancing when not in use by a human occupant. No one disputes that this is true, but it is irrelevant to this case. There is no requirement in the claim that the device must balance on its own without a user in order to be "self-balancing." (Richter, Tr. at 531:10-22.)

For the reasons set forth above, the accused products meet the limitations of the preamble.

> **b)** **"a first foot placement section and a second foot placement section that are coupled to one another and are independently moveable with respect to one another"**

The evidence shows that the accused products include a first foot placement section and a second foot placement section. (CX-182C at Q/A 205 (Chic), 274 (Swagway), 333 (Jetson), 376 (Skque), 415 (Powerboard); CPX-007 – CPX-009.)

All Respondents[15] dispute that the foot placement sections are "independently moveable with respect to one another." Chic also disputes that the foot placement sections are "coupled to one another."

> **i.** **"coupled to one another"**

Chic asserts that the foot placement sections "are not 'coupled to one another' in the mechanical sense because they are not touching through a 'coupling.'" (RIB at 17-18 (citing RX-357C at Q/A 104-16).) According to Chic, the foot placement sections must "touch each other through a mechanical coupling or otherwise" to meet this limitation. (*Id.* at 18.)

Complainants contend that the evidence shows that the foot placement sections are coupled to one another. (CIB at 16 (citing CX-182C at Q/A 205-208, 211, 274-277, 280, 333-335, 376-378, 415-417).) Complainants also argue that coupling does not require direct physical

---

[15] Respondents Powerboard and Jetson did not present any evidence of noninfringement at the hearing with respect to their products, as the testimony of their expert was struck from the record. (Order No. 36 (striking the rebuttal expert report and deposition testimony of Jason Janet and precluding Powerboard and Jetson from presenting untimely non-infringement contentions); Order No. 55 (striking portions of Jetson's and Powerboard's pre-hearing brief).)

touching, but can include "connections made through an intermediate element such as a coupling or other mechanical component for joining the two sections." (*Id.* (citing CX-182C at Q/A 41-42).) Complainants note that Chic's expert, Dr. Nourbakhsh, "applied widely varying interpretations of 'coupled' depending on whether he was analyzing infringement or validity, in violation of well-established Federal Circuit precedent." (*Id.* at 16.) Finally, Complainants contend that, "based on [Dr. Nourbakhsh's] understanding of 'coupled,' even the preferred embodiment of Figure 1 of the patent would not be considered to include 'coupled' foot placement sections." (*Id.* at 17 (citing Nourbakhsh, Tr. at 699:18-22).)

Staff agrees with Complainants that this limitation is met. (SIB at 24.) Staff argues that Chic's interpretation of "coupled to one another" "is at odds with the ALJ's *Markman* ruling," which "rejected the notion that the claimed 'foot placement section' had to be located on a top housing member and had to exclude internal components, such as sensors." (*Id.* at 23, 25.) Staff also notes that "Respondents' application of this term to the prior art . . . demonstrates that Respondents tacitly concede that the two foot placement section do not need to touch in order to be coupled together." (*Id.* at 26-27.)

The evidence shows that the foot placement sections are coupled to one another. (CX-182C at Q/A 205-208, 211 (Chic), 274-277, 280 (Swagway), 333-335 (Jetson), 376-378 (Skque), 415-417 (Powerboard).) Contrary to Chic's assertions, coupling does not require direct physical touching, but can include connections made through an intermediate element such as a coupling or other mechanical component for joining the two sections. (CX-182C at Q/A 42.) ████

██

██

Swagway's expert also agrees that the foot placement sections of Swagway's product – a device in which the foot placement sections are joined together in a similar manner – is coupled. (RX-829C at Q/A 89 (explaining that "foot placement sections [are] coupled..."); Singhose, Tr. at 885:13-15).)

Additionally, the undersigned does not find Chic's argument to the contrary persuasive. In its brief, Chic only dedicates a paragraph to this argument and fails to discuss any specific evidence. (RIB at 17-18.) Without more, Chic has not rebutted Complainants' evidence that the foot placement sections are coupled to one another.

Chic's argument is also inconsistent with the position that Chic takes with respect to invalidity. For purposes of invalidity, Dr. Nourbakhsh testified that it was possible to have two foot placement sections that are coupled, even if they do not directly touch each other, but, for purposes of infringement, testified that, without direct physical contact, foot placement sections cannot satisfy the coupled limitation. (Nourbakhsh, Tr. at 697:6-9, 698:10-13.) Dr. Nourbakhsh admitted that he "used a different interpretation of coupled for the Chic products as compared to what [he] used for the prior art." (*Id.* at 698:14-17.) Dr. Nourbakhsh even went so far as to say that a roller skate-like device could be considered coupled, as the rider's legs connect the two. (*Id.* at 696:13-697:9; *see also id.* at 691:1-695:2 (testimony regarding prior art references Conrad, Gang, and Potter).) Dr. Nourbakhsh's position with respect to invalidity undermines his position with respect to infringement. Accordingly, the undersigned does not find his testimony with respect to coupling credible.

For the reasons set forth above, the accused products meet this limitation.

ii. "independently moveable"

Respondents dispute that the two foot placement sections are independently moveable. (RIB at 9.) Respondents argue that "just because the [two foot placement] sections can move differently does not mean they move independently." (*Id.*) According to Respondents, "the unrebutted evidence establishes that the two sides of the device act in a dependent, not independent, manner." (*Id.* at 9-10.)

███

███

███

███

████████████████████████ In support, Respondents point to testing performed by Dr. Singhose showing that "the dependency between the two sides [is] based on . . . mathematical equations." (*Id.* at 12 (citing RX-829C at Q/A 73-132).)

Complainants assert that "the consistent testimony of fact witnesses and experts, documentary evidence, and repeated live demonstrations of the products themselves" establishes that this limitation is met. (CIB at 8.) Complainants point to the demonstration of the product by Dr. Richter in which "with one hand on either side of the accused Chic product, he could easily rotate one side of the hoverboard and not the other." (*Id.* (citing Richter, Tr. at 541:25-542:12).) Complainants' explain that Dr. Richter also demonstrated independent movability while riding the vehicle. (*Id.* (citing Richter, Tr. at 544:5-545:9).)

Complainants disagree that ████████████████████████████ ████████ the foot placement sections are not independently moveable. Complainants assert that "the preferred embodiment expressly permits 'biasing' between the two sides." (*Id.* at 11.) "[A]ccording to the teachings of the patent itself, the mere fact that movement of one foot placement section could cause some attenuated movement or effect on the other does not mean that the foot placement sections are not 'independently moveable.'" (*Id.* (citing Nourbakhsh, Tr. at 707:15-19).)

Staff agrees that the two foot placement sections are independently moveable. Staff believes that both the testimony of Mr. Lin and the demonstrations performed by Mr. Lin and Dr. Richter confirm this. (SIB at 20.) Staff also asserts that Dr. Nourbakhsh testified that, even though one foot placement section is affected by the other through controller software, this would not disqualify the accused products from having independently moveable sections. (*Id.* at 21 (citing Nourbakhsh, Tr. at 708:3-14).) Staff also argues that Dr. Nourbakhsh conceded that the patent specifically contemplates overcoming a friction or bias force. (*Id.* at 21-22 (citing Nourbakhsh, Tr. at 707:15-19, JX-001 at 3:59-62).)

The undersigned agrees with Complainants and Staff that the foot placement sections are independently moveable. A simple observation of the accused products confirms this: The first foot placement section moves independently of the second foot placement section. (CPX-007 – CPX-012.) This was demonstrated by multiple individuals during the course of the hearing and is confirmed by observing the physical exhibits. (Nourbakhsh, Tr. at 683:1-13; Richter Tr. at 543:25-545:9; CPX-007 – CPX-012, CPX-015). A user can move one foot placement section with his/her foot while keeping the other foot horizontal, causing the accused product to turn. (*See, e.g.*, Richter, Tr. at 543:25-545:9.) Indeed, Dr. Singhose confirmed that, while keeping the left foot placement section in a horizontal position, he was able to independently move the right foot placement section over 35 degrees without impacting the left foot placement section. (Singhose, Tr. at 846:20-847:17.) The evidence at the hearing confirmed that all of the accused products operate in the same way, and there was no evidence to contradict this. (Richter, Tr. at

545:10-14; *see also* CX-182C at Q/A 205-206, 209-211 (Chic), 274-275, 278-280 (Swagway), 333-335 (Jetson), 376-378 (Skque), 415-417 (Powerboard)).)

Respondents' argument to the contrary distorts the plain and ordinary meaning of "independently movable." A foot placement section can be independently moveable, yet still be influenced by the other foot placement section. (*See, e.g.*, CX-182C at Q/A 210.) The '278 patent expressly contemplates this, by disclosing that the foot placement sections are coupled, yet independently moveable. (JX-001 at 4:60-64.) By virtue of the fact that the foot placement sections must be joined together in some manner, it is evident that they cannot freely move without some restriction by each other. (Nourbakhsh, Tr. at 707:15-19.) Additionally, the patent specifically discloses the type of bias force which forms the basis of Respondents' argument. For example, Respondents' expert, Dr. Nourbakhsh, testified that the patent discloses a bias mechanism that could be implemented through software. (*Id.* at 705:2-18.) This bias mechanism causes the left and right halves of the machine to return to equivalent angles whenever outside pressure is removed. (*Id.* at 705:19-23.) Thus, as conceded by Dr. Nourbakhsh, the patent contemplates the need to overcome a friction or bias force. (*Id.* at 707:15-19.) Finally, the evidence confirms that there is nothing in the patent that requires unbounded independent movability of the two foot placement sections. (Richter, Tr. at 549:12-19, Nourbakhsh, Tr. at 701:7-16 (testimony that this claim element does not require independence in every possible way).)

Once again, Respondents' position is undermined by the conflicting testimony of their experts when analyzing infringement versus invalidity. Both Dr. Nourbakhsh and Dr. Singhose testified that the Sasaki paper titled "Steering control of the Personal riding-type wheeled Mobile Platform (PMP)" (hereinafter, "Sasaki") discloses independently moveable foot placement sections, but that the accused products do not have this feature. (Nourbakhsh, Tr. at 797:20-798:8; RX-271 at Q/A 100 (Nourbakhsh Witness Statement); RX-242C at Q/A 104 (Singhose Witness Statement); Singhose, Tr. at 887:10-15.) For example, Dr. Singhose testified that the standing plate of Sasaki is independently moveable because "the rider places his/her feet on the standing plate and moves his/her center of gravity to cause deformation of the standing plate to control movement. This deformation causes the left foot and right foot placement sections of the standing plate to move with respect to one another." (RX-242C at Q/A 104.) Yet, the evidence shows that the maximum amount of movability between the two foot placement sections in Sasaki is less than one degree, while it is over 35 degrees in the accused products. (Singhose, Tr. at 821:18-20, 824:8-10; 846:11-847:17.) At the hearing, Staff even asked Dr. Singhose to consider a piece of plywood about a half-inch thick, six inches wide, and two and a half feet long with wheels attached. (Id. at 887:16-888:6.) Dr. Singhose testified that if one drew two squares on the board to represent two foot placement sections, these foot placement sections would be independently moveable. (Id. at 888:7-18.) It appears as if Respondents' experts shaped their testimony to fit with their desired conclusions – applying different standards for infringement and invalidity to do so. Such testimony undermines their credibility.

For the reasons set forth above, the accused products meet this limitation.

      c)   **"a first wheel associated with the first foot placement section and a second wheel associated with the second foot placement section, the first and second wheels being spaced apart and substantially parallel to one another"**

The evidence shows that the accused products meet this limitation. (CX-182C at Q/A 214-216 (Chic), 283-285 (Swagway), 336-338 (Jetson), 379-381 (Skque), 418-420 (Powerboard); CPX-007 – CPX-015.) Respondents do not contest that this limitation is met.

          d)   **"a first position sensor and a first drive motor configured to drive the first wheel, a second position sensor and a second drive motor configured to drive the second wheel; and"**

The evidence shows that the accused products meet this limitation. (CX-182C at Q/A 217-219 (Chic), 286-290 (Swagway), 339-341 (Jetson), 382-384 (Skque), 421-423 (Powerboard); CPX-007 – CPX-015.) Respondents do not contest that this limitation is met.

          e)   **"control logic that drives the first wheel towards self-balancing the first foot placement section in response to position data from the first sensor and that drives the second wheel toward self-balancing the second foot placement section in response to position data from the second foot placement section."**

The evidence shows that the accused products include a first foot placement section and a second foot placement section. (CX-182C at Q/A 205-206 (Chic), 274 (Swagway), 333 (Jetson), 376 (Skque). 415 (Powerboard); CPX-007 – 15.)

All respondents dispute that the position data is "from the second foot placement section." Additionally, Swagway and Modell's dispute the "control logic . .. ." limitation.

          i.   **"control logic . . ."**

According to Respondents, Complainants "failed to present evidence that the alleged control logic actually performs the claimed function." (RIB at 18.) Respondents contend that, in order to establish that this limitation has been met, one must analyze the source code, review schematics, or undergo reverse-engineering. (*Id.* at 19.) Because Dr. Richter did not do any of these things, Respondents argue that Complainants cannot prove that the accused products actually meet this limitation.

Swagway also contends that the microprocessors identified by Complainants as the "control logic" cannot drive the wheels. (*Id.* at 20.) According to Swagway, this microprocessor "lacks the ability to generate sufficient power to drive the wheel motors." (*Id.* (citing RDX-

359.49; RX-829C at Q/A 153).) Swagway contends that the component that performs this function "is the motor-drive circuitry" but that this component "is attached to a completely different electronics board." (*Id.*)

Complainants argue that the inspection conducted by Dr. Richter was sufficient to establish that the control logic performs the claimed functions. (CIB at 18 (citing CX-182C at Q/A 220-224, 292-296, 342-344, 385-387, 424-426).) Complainants note that Chic's expert, Dr. Nourbakhsh, utilized a similar approach and did not find it necessary to analyze source code. (*Id.* at 19 (citing Nourbakhsh, Tr. at 708:15-22, 723:7-724:24).) Complainants further explain that Razor's engineer does "not even have access to the control logic source code for the initial design" and found that it was not something he needed "to understand the design and operation" of the products. (*Id.* (citing McLean, Tr. at 93:10-95:7).)

Staff agrees with Complainants that this limitation is met. (SIB at 29.) Staff contends that, even if Swagway is correct that the identified microprocessor does not actually drive the wheel motors, there is still infringement. (*Id.* at 28.) Staff explains: "[T]he microprocessors identified by Complainants are not required to actually drive the wheels; they are required to control the device that drives the wheels." (*Id.* at 29.) Staff notes that "there is nothing in the claim language . . . that imposes the additional limitation proposed by Swagway and Modell's that the 'control logic' must be the device that directly drives the wheels." (*Id.*)

Staff further disagrees with Respondents' argument that Complainants failed to establish that the control logic actually performs the claimed functions. (*Id.* at 29.) Staff notes that "Dr. Singhose testified that in Swagway's accused products, the measured data from the position sensors located on each side of the device are fed to the control logic which in turn controls the motors on each side of the device, for balancing the vehicle." (*Id.* at 29 (citing Singhose, Tr. at 970:8-972:10).)

The undersigned agrees with Complainants and Staff that this limitation is met. First, the undersigned finds that all respondents other than Swagway and Modell's have waived this argument, as only Swagway and Modell's raised this argument in their pre-hearing brief. Thus, pursuant to Ground Rule 8.2, these arguments are deemed waived with respect to the other respondents. Additionally, the evidence shows that this limitation is met with respect to Chic, Skque, Powerboard, and Jetson. (CX-182C at Q/A 220-221 (Chic); 342-344 (Jetson); 385-387 (Skque); 424-426 (Powerboard); Lin, Tr. at 632:2-25 (testimony that data is sent from the position sensors to the main control chip and that the main control chip controls the electric motors, which balance the vehicle; RX-358C at Q/A 9, 16 (direct testimony from Mr. Lin).)

Second, the undersigned is not persuaded by the argument that one must inspect source code or conduct similar analyses to determine infringement. First, Dr. Nourbakhsh was able to analyze this limitation with respect to the Chic Accused Products without performing a source code analysis and testified that it was not necessary to look at the code to determine whether or not a product infringes. (Nourbakhsh, Tr. 708:15- 709:1.) Additionally, Dr. Singhose himself was able to determine that this limitation was present in the prior art without requiring a review of source code. (*See, e.g.,* RX-271 at Q/A 114-118; 138-139.) If a source code review was a prerequisite to finding whether this limitation is present, Dr. Singhose would not have been able to provide his invalidity opinions. Swagway cannot have it both ways: Require source code for infringement, but contend that it is unnecessary to have source code determine invalidity.

More importantly, however, Dr. Singhose essentially admits that this limitation is likely met. While he refuses to say so conclusively, the evidence shows that it is more likely than not that the control logic drives the wheels towards self-balancing in responses to position data. The evidence shows that the Swagway accused product has control logic and a component that drives the wheels. (JX-0025 at 148:12-22, 149:10-150:2 (testimony from corporate representative confirming that there is a controller within the Swagway accused products); RX-829C at Q/A 153 (testimony from Swagway's expert that there is a component that drives the second wheel).) Dr. Singhose testified that the control logic sends signals to the motor to control the wheels (Singhose, Tr. at 894:12-23) and that the motors are controlled to drive both wheels towards self-balancing the foot placement sections. (*Id.* at 970:8-11.) The evidence shows that there are two microcontroller units, one of which resides on the left side of the vehicle and the other on the right.[16] (CX-0182C at Q/A 292.) Dr. Singhose testified that the position sensors of the Swagway accused product likely send data to the control logic of the machine. (Singhose, Tr. at 893:22-25.) He confirmed that the data obtained from the position sensors makes its way to the control logic and that the control logic makes certain other decisions about that data, such as sending off other signals to the motor to control the wheels. (*Id.* at 894:12-23.) Dr. Singhose further admits that the Swagway accused products all have electronic circuitry that uses data from sensors as part of controlling the vehicle's motion. (*Id.* at 862:14-863:9.) While riding the accused product, Dr. Singhose confirmed that "the control of each motor was influenced by the amount of rotation or pitch angle of the two respective platform sections" on which he was standing and that "the pitch angle of the two platform sections is detected or measured by the position sensor located on the respective side of the vehicle." (*Id.* at 970:12-15; 970:21-24). Finally, he testified that "the position data is used" at least in part "to control the motors to drive the wheels." (*Id.* at 971:18-972:10.) Accordingly, the evidence – mostly from Swagway's own witnesses – establishes that this limitation is met.

---

[16] Swagway and Modell's have now conceded that their products contain position sensors. (SIB at 38 n. 45.)

Swagway's argument that the microprocessor "lacks the ability to generate sufficient power to drive the wheel motors" is also insufficient to rebut the evidence of infringement. There is no requirement in the claims that the control logic must also be the component that provides the power to drive the wheels. Additionally, the evidence shows that the identified microprocessor controls the device that controls the wheels. (*Id.* at 970:8-972:10.)

Accordingly, the undersigned finds that the accused products meet this limitation.

ii. "from the second foot placement section"

Respondents argue that none of the accused products "meet this limitation because position data does not come from the 'second foot placement' section. Instead, they assert that it comes from a sensor that is distant from the second foot placement section." (RIB at 13.)[17] Respondents contend that "[t]he patent teaches that the foot placement section is, quite explicitly, a portion of the upper housing, which is itself part of the 'platform section.'" (*Id.* at 14 (citing JX-0001 at 2:46-63, 5:21-6:3; RDX-376, Richter, Tr. at 298-309; RX-357C at Q/A 63).) According to Respondents, "[o]nce one determines that the foot placement section is the top portion of the accused products where the feet must trigger the pressure sensors to operate the device, it is clear that this claim element is not satisfied." (*Id.* at 16.) Respondents explain: "There is no dispute that . . . the position sensors are located inside the housing, in fact in the lower part of the vehicle, not in the foot placement section that is on the top housing section in the accused products." (*Id.* (citing RX-357C at Q/A 134-38, RX-829C at Q/A 145-50, Singhose, Tr. at 679).) Respondents also assert that "[i]n the accused products, [the foot placement section] is the rubber pads over the sensors that detect the rider's presence . . . and there is no dispute that

---

[17] Respondents do not dispute that "position sensors generate data used to drive the wheels towards self-balancing." (RIB at 16.)

the rubber pads or the top portion of the devices where the rider places her feet do not provide position data." (RRB at 8.)

Complainants assert that "[t]here is no dispute that all of the accused products include foot placement sections and sensors." (CIB at 12.) Complainants further contend that Dr. Richter's testimony confirms that data from the foot placement sections and sensors generate control signals that tell the motors how to drive the wheels. (*Id.* (citing CX-182C at Q/A 217, 220, 286, 292, 339, 342, 382, 385, 421, 424).) According to Complainants, "Respondents' argument that 'foot placement section' was limited to a 'top section or area' of the vehicle" was rejected by the Markman Order. (*Id.* at 14; CRB at 5.) Complainants also assert that whether or not the sensors are located in the "lower part of the vehicle" rather than in the "top housing section" is irrelevant. (CRB at 6.)

Staff agrees that this limitation is met. (SIB at 22.) Staff explains that " ██████████████ ██ ██ ██ ███ Staff notes that the evidence shows that Swagway's accused products operate in the same manner. (*Id.* (citing Singhose, Tr. at 970:8-972:10).) Staff asserts that Respondents' position "misinterpret[s] the *Markman* order and misrepresent[s] the opinions of Complainants' expert." (*Id.*)

The undersigned agrees with Respondents that this limitation is not met. The evidence shows that the position data sensors are located on each side of the vehicle underneath each foot pad in a cavity of the housing. (RX-358C at Q/A 9, 16; Nourbakhsh, Tr. at 712:16-19, Singhose Tr. at 970:8-972:10).) The question then becomes: Is this cavity part of the foot placement section? Complainants and Staff believe that this question is answered in the affirmative by the

Markman order. (CRB at 5 ("Respondents focus on rehashing the claim construction issues they already lost); SIB at 23 ("According to the ALJ, the 'foot placement section' . . . can include the entire housing and internal components, such as sensors.").) In that order, the undersigned explained: "Nothing in the '278 patent evidences an express intent by the patentee to require that foot placement sections be located on a top housing member, or to preclude foot placement sections from including internal components, such as sensors." (Order No. 25 at 17.) As Complainants note, this Order construes the term "foot placement section" "to permit inclusion of a corresponding sensor." (CRB at 6.) This does not mean, however, that a foot placement section *always* includes internal components, such as sensors, and it certainly does not mean that the foot placement section can include the entire housing. Indeed, it is clear from the patent that the foot placement section is distinct from the housing members. The patent states:

> Vehicle 100 may have a first and second platform section 110, 130. Each platform section 110, 130 may include a housing formed of a bottom housing member 111, 131 and a top housing member 112, 132. The top housing members may have a foot placement section or area 113, 133 formed integrally therewith or affixed thereon. The foot placement section is preferably of sufficient size to receive the foot of a user and may include a tread or the like for traction and/or comfort.

(JX-001 at 2:46-53.) Thus, the patent provides that the foot placement section is part of the larger housing and platform, not that the entire housing or platform is part of the foot placement section. Accordingly, the *Markman* order does not foreclose the possibility that the cavity under the foot pad is separate from the foot placement section.

The evidence shows that the "foot placement section" is the area on which the rider must place his or her foot to operate the device. (Richter, Tr. at 329:3-23 (testimony that "the foot placement section in general should be defined by where you can place your foot functionally and operate the vehicle").) The evidence further shows that the position sensors in the accused products are not located within this foot placement section, but are instead located in the bottom housing member. Dr. Nourbakhsh testified that "[t]he position sensing system in the Chic Smart products is located well below the foot placement section. . . . In the Chic Smart products, position sensors are contained on electronics boards held within the main cavity of axial rotation of the device and well away from the foot placement sections." (RX-357C at Q/A 137, 138.) Dr. Singhose likewise testified that the position sensor in the Swagway accused products is located on an electronics board bolted to the bottom of the frame of the product. (RX-829C at Q/A 148.) The foot placement section, on the other hand, is bolted to the top of the frame. (*Id.*) Dr. Singhose includes a demonstrative in his testimony to illustrate his point:

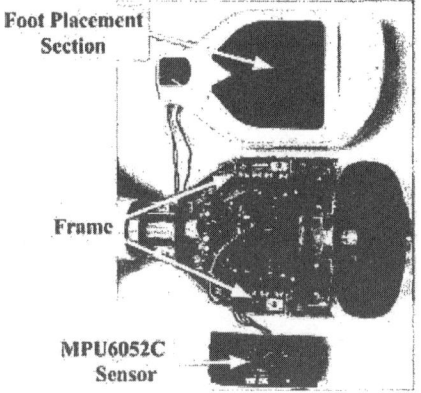

(*Id.* at Q/A 148 (showing RDX-359 at 44).) In further support of his opinion, Dr. Singhose measured the distance between the rubber foot placement pads and the position sensor, finding that the two were apart by 13 cm using one method and 5.5 cm using another. (*Id.* at Q/A 149-150.)

Notably, Dr. Richter does not rebut this evidence. In his direct testimony, Dr. Richter includes pictures of the position sensors but does not explain the location of the sensors relative to the foot placement section. (CX-182C at Q/A 220-224 (Chic), 292-296 (Swagway).) Instead, he essentially admits that the sensors are not located near the foot placement pads, but argues that this does not matter. (*Id.* at Q/A 223 (Chic), 295 (Swagway).) Thus, the evidence clearly establishes that the position sensor is not in the foot placement section.

Skque, Powerboard, and Jetson did not introduce evidence of non-infringement at the hearing. It remains, however, Complainants' burden to establish infringement. In his testimony, Dr. Richter identifies the position sensors for these accused products, but it is unclear if these sensors are in the top or bottom housing. (CX-182C at Q/A 339; CDX-0182.065 (Jetson), CX-182C at QA 385; CDX-0182.076 (Skque); CX-182C at Q/A 424; CDX-0182.087 (Powerboard).) Dr. Richter does not provide any testimony about the location of the sensors relative to the foot placement sections. (*Id.*) Without such evidence, the undersigned finds that Complainants have failed to establish that the control unit receives position data from the second foot placement section for these products.

Complainants also argue that, even if the position sensor was not located within the foot placement section, it still meets the limitation because "the foot platform sections causes position sensors in either side of the housing to generate data that is used to control and balance the accused products." (CRB at 6.) The evidence shows that the pitch of the foot placement section is related to the position data sensor. (RX-358C at Q/A 15, Nourbakhsh, Tr. at 711:4-9, 713:25-715:23.) Dr. Richter testifies that "a person of ordinary skill in the art would . . . recognize the fixed and definite relationship between the position of the foot placements section and the electronic data issued by the position sensor corresponding to that section, yielding a one-to-one relationship between the foot placement section position data and the position sensor data (*See* CX-182C at Q/A 223 (Chic), 295 (Swagway).) This does not mean, however, that a person of ordinary skill in the art would consider the position data to come *from* the second foot placement section. Moreover, Dr. Richer does not provide any evidence to support this statement.

Complainants also imply that the patent contemplates that the position sensor can be part of the foot placement section, even when it is located in the bottom housing.[18] This can, of course, be true. For example, a vehicle could be doughnut-shaped with the foot placement section near the bottom. (Nourbakhsh, Tr. at 766:2-767:15.) Such an embodiment would be consistent with the portion of the patent that provides:

> Referring to FIG. 2, a block diagram of components within vehicle 100 in accordance with the invention is shown. The dot-dash line represents a rough outline of the housing members. Each platform section preferably includes a position sensor 120, 140 which may be a gyroscopic sensor, for independent measurement of the position of the respective platform section. The sensors are preferably mounted on circuit boards 121, 141, *that may be attached to the interior of the respective bottom housings.*

(JX-001 at 3:1-9 (emphasis added.)

Finally, it should be noted that the patentee has filed for a reissue application, noting that the last clause of the "control logic" limitation "erroneously ended with the term 'second foot placement section' instead of 'second sensor.'" (JX-0003.044.) Thus, it was the inventor's intention that the sensor need not be located in the second foot placement section and could, for example, be located in the bottom housing. If the claim was written this way, the evidence would show that this limitation was met. Courts must, however, "construe the claim as written, not as the patentees wish they had written it." *Chef Am., Inc. v. Lamb-Weston, Inc.*, 358 F.3d 1371, 1374 (Fed. Cir. 2004). Thus, as the patent is currently written, the undersigned finds that this limitation is not met because Complainants have not shown that the position data comes from the second foot placement section.

---

[18] Complainants do not explicitly make this argument. Instead, they cite to a portion of the patent without explanation.

f)   Conclusion

For the reasons set forth above, the undersigned finds that the accused products do not infringe claim 1 of the '278 patent.

2.   Claims 2-3 and 5-8

Because the undersigned has found that independent claim 1 is not infringed, it is not necessary to determine whether dependent claims 2-3 and 5-8 are infringed. The undersigned notes, however, that Respondents do not appear to dispute that, if claim 1 is infringed, then claims 2-3, 5, and 7-8 are infringed as well. (*See* RIB at 9-25 (non-infringement portion of the brief in which Respondents do not specifically address any claims except claims 1 and 6.) Respondents do, however, dispute that the additional limitation of claim 6 has been met.

3.   ▮ Products

According to Complainants, "Chic indicates that later this year it wants to sell a product named ▮ (CIB at 22.) Complainants argue that the ▮ Product is not sufficiently final and thus any opinion on the product would constitute an advisory opinion. (*Id.*) Complainants further argue that Chic has not provided sufficient evidence to determine whether the ▮ Product infringes. (*Id.* at 23-24.) Complainants write: "The future product was not shown to any of the experts in this proceeding, and there is no evidence in the record that it exists as anything more than a concept." (*Id.* at 22.)

Respondents state that "[t]he Commission has jurisdiction over Chic's ▮ products." (RIB at 25.) Respondents also argue that "the unrebutted evidence established that the ▮ products do not infringe any asserted claims of the '278 patent." ▮▮▮▮▮▮

▮▮▮▮▮▮

▮▮

through the qualifying activities of its licensee Razor, also satisfies the domestic industry requirement.[45]

VII.　CONCLUSIONS OF LAW

1.　The Commission has personal jurisdiction over the parties, and subject-matter jurisdiction over the accused products.

2.　The importation or sale requirement of section 337 is satisfied as to all Respondents, except for Alibaba.

3.　Alibaba is not an agent of an owner, importer, or consignee such that Alibaba's actions related to the sale of the accused products are actionable under section 337.

4.　Chic, Swagway, Modell's, Newegg, Skque, Powerboard, and Jetson do not infringe claims 1-3 and 5-8 of U.S. Patent No. 8,738,278.

5.　GyroGlyder.com, Soibatian Corporation d.b.a. IO Hawk and d.b.a. Smart Wheels, Shenzhen Kebe Technology Co., Ltd., PhunkeeDuck, Inc., Shenzhen Jomo Technology Co., Ltd., Shenzhen Supersun Technology Co. Ltd., a.k.a. Aottom, Twizzle Hoverboard, Uwheels, Joy Hoverboard a/k/a Huizhou Aoge Enterprize Co. Ltd., Shenzhen Chenduoxing Electronic Technology Ltd., Shareconn International, Inc., Shenzhen R.M.T. Technology Co., Cyboard LLC a/k/a Shark Empire Inc., HoverTech, Leray Group a.k.a. ShanDao Trading Co., Ltd., and Spaceboard USA infringe claims 1-3 and 5-8 of U.S. Patent No. 8,738,278.

6.　The asserted claims of U.S. Patent No. 8,738,278 are not invalid under 35 U.S.C. § 112 for lack of written description.

7.　The asserted claims of U.S. Patent No. 8,738,278 are not invalid under 35 U.S.C. § 112 for lack of enablement.

8.　The asserted claims of U.S. Patent No. 8,738,278 are not invalid under 35 U.S.C. § 103 for obviousness.

9.　The technical prong of the domestic industry requirement for U.S. Patent No. 8,738,278 has not been satisfied.

10.　The economic prong of the domestic industry requirement has been satisfied.

---

[45] While Complainants also contend that Inventist's own investments in plants and equipment, labor and capital, and design, development and production-related activities satisfy the economic prong, the undersigned has already determined that Inventist satisfies the economic prong through the qualifying activities of its licensee Razor. Thus, the undersigned need not decide whether Inventist's own investments satisfy the economic prong under sections 337(a)(3)(A)-(C).

参 考 文 献

[1] 详细解读平衡车UL2272 认证的标准介绍[Z].

[2] 电动两轮平衡车通用技术条件：DB 44/T1884—2016[S].

[3] 中华人民共和国工业和信息化部.平衡车用锂离子电池和电池组规范：SJ／T 11685—2017 [S].

[4] 全国自动化系统与集成标准化技术委员会.电动平衡车通用技术条件：GB/T 34667—2017 [S]. 北京：中国标准出版社，2018.

[5] 全国自动化系统与集成标准化技术委员会. 电动平衡车安全要求及测试方法：GB/T 34668—2017 [S]. 北京：中国标准出版社，2017.

[6] 马天旗. 高价值专利培育与评估 [M]. 北京：知识产权出版社，2018.

[7] 马天旗. 国外及我国港澳台专利申请策略 [M]. 北京：知识产权出版社，2017.

[8] 马天旗.专利分析：方法、图表解读与情报挖掘[M].北京：知识产权出版社，2015.

[9] 马天旗. 专利布局[M].北京：知识产权出版社，2016.

[10] 马天旗.专利挖掘[M].北京：知识产权出版社，2016.

[11] 2015 "市长杯"创意杭州工业设计大赛完美收官 [EB/OL].[2015-11-13]. http://www.hangzhou.gov.cn/art/2015/11/13/art_812267_270455.html.

[12] 刘铮铮.核心专利才是平衡车的王道 [J].中国外资，2015（9）.

后　记

我们国家的企业太缺乏专利实务方面的知识和技能了。

"道虽迩，不行不至；事虽小，不为不成。"这是我第一次从一个行业出发，纵向地深入探究一个行业在发展的各个阶段主要存在的专利问题，虽然自身学识有限，但是愿意贡献这一小撮"萤火"，期望和祝愿我们国家更多的行业能够跳出在蓬勃发展阶段被专利卡脖子的"周期律"。

我从几年前开始陆续编写了一些专利实务方面的书籍，涉及专利信息利用、专利布局和挖掘、高价值专利筛选培育与评估、专利转移转化等方面，就是期望咱们国内的企业在专利竞争的实战上面不吃亏，不挨打。我希望我编写的这些专利实务方面的书籍能够作为"铺路的石子"，为企业在专利工作方面不走错路、少走弯路给予一点点帮助。

莫听穿林打叶声，何妨吟啸且徐行。

纵然夷邦有先势，擅善铸鞭必自胜！